USA · Route 66

Thomas Jeier (Text) · Udo Bernhart (Fotos)

Blue
SPRUCE
ODGE
TEAM HEAT
VACANCY
AAA
Arrowhead
Chevron
LODGE
VACANCY
COLOR TV
FREE HBO
ROOM PHONES
TUB: SHOWER
U-HAUL PARKING
FOUR PERSONS $27.00
TWO FOR $19.99
OFFICE

Eine Straße wird Kult: »Get your kicks ...«

Gr. Foto: Route 66 in Gallup, New Mexico. Kl. Foto: Oldtimer in St. James, Missouri.

»Get your kicks on Route 66« – der weltberühmte Song trug wesentlich dazu bei, die legendäre Straße von Chicago nach Los Angeles in einen Mythos zu verwandeln. »If you ever plan to motor west, travel my way, take the highway that's the best« – »wenn du nach Westen fahren willst, mach es so wie ich, nimm am besten den Highway.« Das mobile Amerika lädt heute zu einem oft nostalgischen Trip durch die Mitte und den Südwesten des Landes ein.

Und wie war die Geschichte des Songs? Robert William Troup Junior, besser bekannt als Bobby Troup, arbeitete als Arrangeur und Songschreiber für Tommy Dorsey und seine Big Band, musste aber bis nach dem Zweiten Weltkrieg auf einen Millionenseller warten. Nach der Rückkehr aus dem Südpazifik, wo er als Marinesoldat im Einsatz gewesen war, zog es ihn nach Kalifornien. Er hatte ein lukratives Angebot als Songschreiber in Hollywood.
Mit Cynthia, seiner Ehefrau, fuhr er in einem 41er-Buick Cabrio nach Westen. Troup: »Auf dem Pennsylvania Turnpike legten wir eine Pause ein und aßen in einem Howard Johnson's. Cynthia studierte die Straßenkarte und sagte: ‚Schreib doch mal einen Song über die Route 40!' Ich antwortete, das sei doch ziemlich dumm, weil wir sowieso bald die Route 66 erreichen würden. Wir fuhren weiter, und in St. Louis beugte sie sich zu mir herüber und flüsterte: 'Get your kicks on Route 66!' Ich erwiderte: 'Was für eine wunderbare Idee für einen Song!' Ich schrieb das Lied im Auto.«
»Get your kicks on Route 66« – auf der »Mother Road«, wie John Steinbeck sie nannte, wurde der amerikanische Traum noch einmal lebendig. »Go West, Young Man!«, hatte Horace Greely in einer Ausgabe der »New York Herald Tribune« geschrieben. »Geh nach Westen, junger Mann, und wachse mit dem Land!« Ein Satz, der zum Credo einer ganzen Nation wurde und bis in die heutige Zeit gültig ist.

Unzählige zogen schon vor der Route 66 nach Westen

Von jeher galt der Westen als magisches Land, als verheißungsvolles Ziel, das erobert werden musste, wenn man das Paradies sehen wollte. »Go for California!« Die Heimat des großen Goldrausches, das Land, in dem Milch und Honig fließen. Fruchtbare Felder, boomende Industrie, ewiger Sonnenschein. Neben dem Asphalt sind die Spuren der hoffnungsvollen Auswanderer und Glücksjäger noch zu erkennen: der California Trail, über den endlose Planwagen-Trecks

Auf der Harley über die legendäre Straße

Der ganz alltägliche Schilderwald – hier in Joplin, Missouri – an der Route

Westwärts – aber wie weit noch? Im Ford auf der alten Route 66

»Get your kicks on Route 66 ...« – Einladung zum Reisen: Du brauchst keinen Chevy und keine Harley – sogar in einem gewöhnlichen Mietwagen spürst du ein gewisses Kribbeln, wenn du über die Route 66 fährst. Diese Straße ist Legende. Ein amerikanischer Mythos. Denn diese Straße führte in den Goldenen Westen. An der Route 66 überlebte der amerikanische Traum bis in die heutige Zeit.

Bill Shea war Tankwart an der Route

nach Westen zogen, der Mormon Trail, den die »Heiligen der Letzten Tage« mit ihren Handkarren in den Boden gruben, der Santa Fe Trail, einer der geschäftigsten Handelswege des 19. Jahrhunderts oder der Camino Real der spanischen Eroberer und Missionare, die in Kalifornien ihre Haciendas, Presidios und Missionen bauten und Neuspanien erst unter dem Druck der amerikanischen Armee verließen.

Um 1890 dachte noch niemand an eine transkontinentale Autostraße. Die Eisenbahn war das Hauptbeförderungsmittel für Menschen und Güter. Das 200 000 Meilen lange Schienennetz reichte bis in den hintersten Winkel der Nation. Die ersten Automobile wurden mit demselben Misstrauen betrachtet wie die ersten Lokomotiven. Doch der Siegeszug der neuen Maschine war nicht aufzuhalten, und um 1900 wurden bereits achttausend Kraftwagen gezählt. Der amerikanische Automobilclub (AAA) organisierte sich, Nummernschilder wurden Vorschrift0.

Im Oldtimer durch das »Land of Lincoln«, Illinois

Die ersten Highways verdienten kaum den Namen: Sie folgten alten Kutschenstraßen oder Reitwegen und wurden notdürftig mit Schotter oder Holzplanken befestigt. Noch bevor die erste Straßenkarte bei Rand McNally erschien, durchquerte ein wagemutiger Freak den Kontinent im Automobil, und erst 1905 wurde ein Teil der Straßen asphaltiert oder gepflastert. Etwa ab 1910 geriet die Eisenbahn ins Hintertreffen. Die Amerikaner stürzten sich auf die Automobile und rissen sich um die Straßenkarten, die seinerzeit von den Mineralölgesellschaften verschenkt wurden. Tankstellen, damals »Filling Stations« genannt, schossen aus dem Boden und wurden zu beliebten Treffpunkten.

Der »National Old Trails Highway« verlief parallel zu den Eisenbahnschienen und galt als Vorläufer der Route 66, die aber noch einige Jahre auf sich warten ließ. Den Grundstein für einen zügigen Ausbau des Straßennetzes legte Präsident Woodrow Wilson, der 1916 die »Federal Air Road Act« unterschrieb und

Gateway Arch – das Wahrzeichen von St. Louis

die Finanzierung neuer Bundesstraßen durch den Steuerzahler anordnete. Hatte man um die Mitte des 19. Jahrhunderts eine transkontinentale Eisenbahn geplant, so wurde jetzt eine Straße von der Ost- zur Westküste beworben. Im »Better Roads Movement« arbeiteten der Automobilclub und zahlreiche andere Autofahrer-Lobbys gegen die Farmer und Eisenbahn. Die Bundesregierung spielte mit und bewilligte enorme Summen Steuergelder für den Straßenbau.

Streckenführung – schon damals Lobbyarbeit

Die Geschichte der Route 66 begann in den 1920er-Jahren, als Cyrus »Cy« Stevens Avery, ein finanzkräftiger Unternehmer aus Oklahoma für einen Highway plädierte, der die industriellen Zentren an den Großen Seen mit den landwirtschaftlich geprägten Regionen in Missouri, Kansas und Oklahoma und schließlich mit dem »Boom Country« in Kalifornien verbinden sollte. Als Besitzer einer Tankstelle und Raststätte außerhalb von Tulsa, Oklahoma, war er auch Präsident einer Vereinigung, die für den Ausbau des Straßennetzes eintrat. Avery ahnte, dass der Siegeszug des Automobils nicht mehr aufzuhalten war. Die Zukunft gehörte dem Model T und den unzähligen Nachfolgemodellen.

Bereits 1913 hatte Henry Ford das Fließband eingeführt, und der Preis für eines der ratternden Ungetüme war auf 345 Dollar gesunken. Etliche Institutionen und Bürgerbewegungen engagierten sich für den Bau von Fernstraßen. Eine rasante Entwicklung setzte ein: Schon 1920 waren über zehn Millionen Automobile

Chicago, die Stadt der Wolkenkratzer

Chicagos Oak Street Beach am Michigan See: Oase für Stadtmüde

Die Route 66 beginnt in der Adams Street in Downtown Chicago

2448 Meilen von Chicago nach Los Angeles: Wer mit Scheuklappen nach Westen fährt und täglich 500 Meilen frisst, schafft die Route 66 in fünf Tagen. Aber dann könnte man gleich die Interstate nehmen. Die Route 66 ist eine Straße für Genießer. Ein Highway, der in das Amerika der guten alten Zeit zurückführt und Muße verlangt. »Cruising« ist angesagt: Genüsslich über die Straße rollen und mit allen Sinnen die – zugegebenermaßen teilweise rekonstruierten – Golden Fifties erleben ...

in den USA registriert, innerhalb von zehn Jahren verdoppelte sich die Zahl. 1921 wurde der erste Drive-In im texanischen Dallas gebaut – ein Restaurant, das ausschließlich für Autofahrer konzipiert war und zum Siegeszug des Fast Food beitrug. Man brauchte nicht einmal auszusteigen, um seinen Hot Dog samt Coke zu bekommen. Die ersten Hamburger wurden verkauft.

Route 66 war übrigens nicht der erste nationale Highway: Bereits 1923 wurde der »Lincoln Highway« eingeweiht, eine eher schäbige Geröllpiste. Ab 1925 wurde jeder Highway mit einer Nummer versehen. Aus dem »Lincoln Highway« wurde der Highway 35, und für die geplante Fernstraße von Chicago nach Los Angeles hatte man die Nummer 60 reserviert. Aber einen Highway 60 gab es bereits in Missouri – so einigte man sich auf die 66 – eine magische Zahl, wie sich später herausstellte, die sogar im Logo einer Benzinfirma auftauchte.

Tulsa, Oklahoma: Old Warehouse Market

Mit der offiziellen Einweihung des Highway 66 am 11. November 1926 begann ein neues Zeitalter in den USA. Amerika rückte dichter zusammen, so wie nach dem Bau der ersten transkontinentalen Eisenbahn im 19. Jahrhundert.

Verarmte Farmer auf der Route 66 Richtung Kalifornien

Die »Glory Road« wurde zur letzten Hoffnung der geplagten Farmer in der »Dust Bowl« von Oklahoma während der Depression Anfang der 1930er-Jahre. Aber längst nicht alle Reisenden erreichten ihr Ziel. Anschaulich geschildert in »Früchte des Zorns«, John Steinbecks Bestseller, über den Exodus einer armen Farmersfamilie aus Oklahoma. Es schien einen Ausweg aus der Misere zu geben.

Die Route 66, wie sie schon bald genannt wurde, bestand während der ersten Jahre nur aus Schotter und Sand. Sie führte durch acht Bundesstaaten: Illinois, Missouri, Kansas, Oklahoma, Texas,

New Mexico, Arizona und Kalifornien. Allein diese Tatsache war schon einsamer Rekord. 2448 Meilen von Chicago nach Los Angeles, von den Großen Seen bis zur Küste des Pazifischen Ozeans. Vorbei an einigen der größten Sehenswürdigkeiten des Landes.

Erster Abschnitt: von Chicago nach St. Louis

Start in Chicago, der pulsierenden Metropole am Lake Michigan, Inbegriff einer amerikanischen Großstadt. Das ländliche Illinois, die Heimat des legendären Präsidenten Abraham Lincoln, dessen Anwaltspraxis man heute noch in Springfield besichtigen kann. St. Louis, die Stadt am Mississippi, schon während der Zeit des Wilden Westens das Tor zum Westen genannt. In Missouri die Meramec Caves, farbenprächtige Tropfsteinhöhlen, und die romantischen Ozark Mountains. Oklahoma City und Tulsa sind die Zentren des historischen Ölbooms in Oklahoma. Die regionalen Indianermuseen erinnern an den Wilden Westen und die große Zeit der Indianer. Hier, im ehemaligen »Indian Territory«, gibt es die meisten Reservationen.
Amarillo und Texas' äußerster Norden mit der berüchtigten »Llano Estacado«, dem romantischen Palo Duro Canyon, einst das Versteck der Comanchen, und

Im Westen – hier New Mexico – führt die Route durch die Canyons des Indianerlandes

Schon vor Sonnenaufgang unterwegs: Trucks bei Holbrook, Arizona

Im Canyon de Chelly (Arizona) entschied sich das tragische Schicksal der Navajo-Indianer

geschäftigen »Working Ranches«. Der Südwesten der USA lockt mit seinen Wüsten und Canyons. Santa Fe zeigt malerische Adobe-Häuser in der historischen Handelsmetropole. Interessantes in der Künstler-Enklave Taos und den indianischen Pueblos im Rio Grande Valley. Von Albuquerque nach Arizona, durch das Land der Navajo-Indianer zum Canyon de Chelly. Der Oak Creek Canyon mit seinen roten Felsen und winzige Westerndörfer liegen am Wegesrand. Dann Kalifornien: farbenprächtige Wüste, fruchtbare Felder, dann Palm Springs, das Eldorado der Reichen. Endlich Los Angeles mit Hollywood, Sunset Boulevard, Beverly Hills und dem Pazifik.

Kreuzungsfreie Interstates haben die legendäre Route 66 längst verdrängt, auf den meisten Landkarten ist sie gar nicht mehr verzeichnet. Aber in den Träumen vieler Amerikaner blieb sie so lebendig, dass sie unter Denkmalschutz gestellt und mit braunen Hinweisschildern markiert wurde, auch auf den Schnellstraßen: Historic Route 66. Die »Route« ist längst Geschichte, aber wer will, kann sie immer noch befahren.

In den USA ist die Route 66 bereits »historisch«

Teilweise blieb der original Asphalt erhalten – und wo immer es lohnt, hat der Kommerz rasch wieder Einzug gehalten: In zahlreichen Orten erstrahlen Diners und Motels im neuen Glanz, und in kleinen Museen erinnern alte Autos und Straßenschilder an die große Zeit der Straße. Historische Vereinigungen und Fans halten das Erbe der Route 66 lebendig – und im Sommer treffen sich Oldtimer- und Harley-Fans auf der Straße.

Die »Historic Route 66« ist keine Straße, um möglichst schnell ans Ziel zu kommen, für die »Mother Road« braucht man Zeit. Aber wer über die historische Straße abseits der Interstates zu den Sehenswürdigkeiten fährt, hat mehr von seiner Reise, denn hier wartet das wahre Amerika. Hier gibt es noch das »Little America« der fünfziger Jahre mit seinen Motels und Drive-Ins. In den Fast-Food-Lokalen werden noch richtige Hamburger und »the Real Thing« serviert – keine McNuggets und zuckerlose »Diet Coke«. Hier sieht man noch Chevys und Harleys, weniger Toyotas und Hondas.

Die Route 66 führt von einem Horizont zum anderen, durch unscheinbare Kleinstädte mit einer Main Street und überdachten Gehsteigen. Verfallene Tankstellen, Reklametafeln mit alten Plakaten, meilenlange Zäune, baufällige Farmhäuser und rostige Autowracks säumen den Straßenrand. Im Kopf werden die Bilder aus alten Filmen lebendig: Mom, Dad und lärmende Kids in einem Station Wagon, den silbernen Wohnwagen im Schlepptau; James Dean und Natalie Wood in der offenen Corvette; der Farmer im karierten Hemd, der schrullige Typ an der Tankstelle, die alten Männer im Schaukelstuhl, die Frau mit der wehenden Schürze beim Wäscheaufhängen ...

»Get your kicks on Route 66« – auch wenn vieles in der Erinnerung verklärt und viel zu romantisch wirkt: Die Route 66 ist immer noch lebendig und führt in ein Amerika, das längst vergessen schien. Die Straße wird zum Zuhause, der Horizont bleibt das Ziel, die Landschaften scheinen unendlich, und der Alltag der einfachen Leute wird zum Abenteuer.

Lichtermeer – nächtliches Los Angeles von Griffith Observatory aus

Venice Beach, immer noch ein Mekka für Künstler und Aussteiger

Die Streckenführung der Route 66 von Chicago nach Los Angeles sollte tunlichst nur Leitlinie sein. Denn abseits des Highways warten weltberühmte Sehenswürdigkeiten auf den Besucher. Manche haben schon vor siebzig Jahren die Reisenden auf sandige Nebenstraßen gelockt. Heute führen bequeme asphaltierte Highways beispielsweise in den Palo Duro Canyon von Texas, die Indianer-Pueblos in New Mexico und das Red Rock Country oder den Grand Canyon in Arizona.

Mit Weitblick: Hauptstadt des Mittleren Westens

Gr. Foto: Blick vom Hancock Center nach Süden. Kl. Foto: Alexander Calders »Flamingo« am Federal Center.

Dass hier manchmal vom Lake Michigan eine mehr oder weniger steife Brise weht – Normalität. Das Schlagwort von der »Windy City« mag also bleiben, aber sonstige Etiketten gelten nicht (mehr) für diese ehrliche, arbeitsame Stadt, die auf ihre Architektur ebenso stolz sein kann wie auf ihr kulturelles Leben, die Live-Music-Szene oder die unzähligen Einkaufsparadiese.

Von Al Capone, dem legendären Gangsterboss, wollen die Leute in Chicago nichts mehr wissen. Während der Prohibitionszeit, vor siebzig, achtzig Jahren, war das anders. Da wurde »Good Ol' Al« als eine Art Robin Hood gefeiert, weil er den Reichen nahm und den Armen ein wenig davon abgab, zum Beispiel in den Suppenküchen der Stadt, die er nach dem »Schwarzen Freitag« (Börsenkrach am 29. Oktober 1929) organisierte. Mit der »Konkurrenz« lieferte er sich tödliche Schießereien; sein spektakulärstes Verbrechen beging er am 14. Februar 1929, dem Valentinstag.
An jenem nasskalten Tag schickte er einige Männer als Polizisten verkleidet in eine Garage an der Clark Street, wo sieben Mitglieder der rivalisierenden Bugs-Moran-Bande brav die Hände hoben und mit Maschinengewehren niedergemäht wurden. Das »St. Valentine Massacre« ging in die Annalen der Stadt ein und begründete – zumindest in Europa – ihren Mythos als Gangster-Metropole.
»Schweinemetzger für die Welt«, schrib Carl Sandburg in seinem viel zitierten Gedicht über Chicago, »Werkzeugmacher, Weizenstapler, Spieler mit Eisenbahnen und Frachtenverteiler der Nation, stürmisch, rüde, lärmerfüllt. Stadt der breiten Schultern.« Auch diese Beinamen

Chicago-Skyline am Lake Michigan mit Sears Tower hinten rechts

Zwischen See und Skyline ist Platz für ein Gourmet-Festival

waren einmal zutreffend. Denn Chicago war schon im 19. Jahrhundert ein wichtiger Verkehrsknotenpunkt und Handelsplatz. Nirgendwo wurde so viel Geld verdient wie in Chicago.

Im größten Viehverladebahnhof der Nation wurden Rinder und Schweine aus den Güterzügen geladen und in die nahen Schlachthöfe getrieben. Spekulanten machten das große Geld. In den

Seit über hundert Jahren wächst Chicago in den Himmel. Gigantische Wolkenkratzer, manche noch im Art-déco-Stil verziert, waren einst amerikanische Superlative. Die 1871 niedergebrannte Stadt wurde zum Experimentierfeld für Architekten, die hier keinen besonders einengenden Vorschriften unterworfen waren. Bis heute gibt es Planungen und Projekte, die die Spitze des Bau-Fortschritts markieren.

Wasserturm (unten)

Fabriken wurden Einwanderer ausgebeutet, und die reichen Unternehmer spazierten mit ihren aufgeputzten Gattinnen durch die Parks. Kapitalismus in Reinkultur und eine Brutstätte für Gewalt bis ins 20. Jahrhundert. »Zustände wie in Chicago« – ein Schlagwort, das an Bandenkriege, Rassenkrawalle und Schießereien in Häuserschluchten denken lässt – und ähnlich unfair ist wie »Windy City« oder »Gangster-Metropole«.

Kriminalität? Weniger als in Washington D.C.!

Chicago ist um vieles besser als sein Ruf. Steht man erst einmal zwischen den turmhohen Wolkenkratzern, werden die meisten Vorurteile vom Wind verweht. Von den legendären Schlachthöfen und dem Viehverladebahnhof stehen nur noch Ruinen, Capone & Co. haben längst das Zeitliche gesegnet, die Rassenkrawalle sind Geschichte, und die Kriminalitätsrate liegt weit unter den alarmierenden Zahlen etwa von Washington D. C. oder New Orleans. Natürlich gibt es düstere Slums und gefährliche Viertel, aber das ist in anderen Großstädten nicht besser. Und das Rattern der Hochbahn, der hektische Verkehr und der ewige Wind, der durch die tiefen Häuserschluchten bläst, gehören zu einer lebendigen und ehrlichen Stadt, die ihr schönes und künstlerisches Gesicht erst beim zweiten Hinsehen offenbart.

Das heutige Chicago erhebt sich über den verkohlten Trümmern der alten Stadt und ist der beste Beweis für die Unerschrockenheit und den Unternehmungsgeist seiner Bürger. Die Katastrophe, die am 9. Oktober 1871 das alte Chicago auslöschte, begann auf einer Farm im Westteil der Stadt und soll von einer Kuh ausgelöst worden sein: Sie trat gegen eine Kerosinlampe, die Flammen fraßen sich ins Heu und setzten den Stall in Brand. Das Feuer griff auf angrenzende

Bootsrundfahrt vorbei am Wrigley Building

Holzlager über, und ein paar Minuten später stand die ganze Stadt in Flammen. Über 200 Menschen verloren ihr Leben, mehr als 90 000 büßten ihr Heim und ihre ganze Habe ein. Der Schaden wurde auf damals unglaubliche 200 Millionen Dollar geschätzt.

Als einziges Gebäude überstand der Water Tower (Wasserturm) die ungeheure Brandkatastrophe. Er wurde zum Symbol für den Überlebenswillen und den Unternehmungsgeist der Bürger, die sofort daran gingen, ein neues Chicago zu bauen. Wie Phönix aus der Asche wuchsen neue Gebäude empor. Ein beispielloses Wirtschaftswunder lockte Unternehmer und Investoren an. Es kamen goldene Zeiten, die 1893

Wo die Hochbahn einen Ring bildet, den gern zitierten »Loop«, braust tagsüber das Leben

durch eine Weltausstellung, »World's Columbia Exposition«, zusätzlich genährt wurden. Die Einwohnerzahl überstieg die Zwei-Millionen-Grenze, die kulturelle Szene stellte sogar New York in den Schatten. Erst mit dem »Schwarzen Freitag« von 1929 fand der Boom vorläufig ein Ende.

Weltweite Avantgarde im Hochhaus-Bau

Noch schöner und fantasievoller sollte das neue Chicago werden – auch ein Grund, warum man experimentierfreudigen und selbst avantgardistischen Archi-

Überragt alle: der 443 Meter hohe Sears Tower

tekten aus allen Teilen der USA und sogar aus Europa einen roten Teppich ausbreitete. Sie fanden ein Experimentierfeld in der niedergebrannten Stadt und wurden nicht durch behördliche Bestimmungen eingeschränkt. Den ersten Coup landete William Le Baron Jenny bereits 1885, als er ein zehnstöckiges Gebäude aus Stahlrahmen und Stein an der Ecke LaSalle und Monroe Street errichtete. Das Home Insurance Building, der erste Wolkenkratzer und seinerzeit eine Sensation, wurde später abgerissen.

Der »größte Springbrunnen der Welt«: Buckingham Fountain im Grant Park erstrahlt jeden Abend

Der neue Optimismus, der Chicago beseelte, wurde äußerlich sichtbar gemacht durch Dekorationen im schwungvollen Jugendstil. Daraus entwickelte sich in den 1920er- und 1930er-Jahren der in den USA weit verbreitetete Art-déco-Stil. Letzteren repräsentiert aufs Schönste das 1930 errichtete Börsengebäude (Board of Trade) am West Jackson Boulevard: Viel Messing, pastellfarbene Blau- und Türkistöne, geometrische Formen und Muster sowie die indirekte Beleuchtung machen beispielsweise den Reiz der großen Eingangshalle aus.

Um 1922 wurde das Continental Illinois Bank Building errichtet, ein riesiger Marmortempel mit griechischen Säulen. Imposant auch das Wrigley Building an der Michigan Avenue und am Chicago River, das 1921 nach dem Turm der Kathedrale von Sevilla konzipiert wurde. Benachbart ist der schönste Wolkenkratzer aus den 1920er-Jahren: Tribune Tower, die Heimat der weltberühmten Zeitung »Chicago Tribune«, ein im neugotischen Stil erbauter Koloss. Im Mauerwerk wurden originale Steine berühmter Gebäude wie dem Pariser Arc de Triomphe, der Londoner Westminster Abbey und der Berliner Mauer angebracht.
Die fachkundigen Touren der Chicago Architecture Foundation sind ein »Zuckerl« im Sightseeing-Angebot. Man wird zu den wichtigsten Gebäuden geführt und erhält einen fundierten Einblick in die fantasievolle Architektur der Metropole. Als architektonisches Genie wird Frank Lloyd Wright verehrt. Sein maurisch anmutender Lichthof ist der Höhepunkt des nur zwölfstöckigen Gebäudes Rookery (209 S. LaSalle St.). Dieser Bau entstand bereits 1888, Wrights Innenhof samt Galerie wurde später eingefügt. Im südlichen Stadtteil Hyde Park steht auf dem Universitätsgelände Wrights flaches Robie House mit dem überstehenden Dach; 1909 erbaut, erscheint es auch heute noch modern.
Frank Lloyd Wright war seiner Zeit weit voraus, ähnlich wie Ludwig Mies van der Rohe, der den nüchternen Bauhausstil in den 1940er-Jahren zukunftsorientiert weiter entwickelte – zum Beispiel in den Apartmenthäusern am Lake Shore Drive.

Fabelhafter Ausblick auf die anderen Skyscraper vom Hancock Center

Im (Hochbahn-)Loop schlägt das urbane Herz

Den animierendsten Blick auf Chicagos Hochhausvielfalt hat man vom Lake Michigan. Doch erst hinter der faszinierenden Skyline schlägt das Herz der Millionenstadt: im Loop. Das ist ein durch die Schienen der Hochbahn gebildeter Ring, der sich über 35 Häuserblocks erstreckt und das heutige downtown umkreist. Auf der State Street mit der längsten Fußgängerzone der Welt drängen sich die Menschen, im Halbdunkel zwischen den Wolkenkratzern leuchten die Fassaden von Kaufhäusern, Restaurants, Läden, Cafés und Theatern. Im Sears Tower (Eingang am Jackson Blv.), mit 443

Wolkenkratzer im wahrsten Sinne des Wortes hinter Oak Street Beach

Sorgt am Thomson Center für Spaß bei Touristen und Einheimischen

Nicht so hoch wie der Sears Tower, aber origineller: Das John Hancock Center Observatory lockt die Besucher mit technischem Schnickschnack. Die »sprechenden Fernrohre« auf der Aussichtsplattform beherrschen Englisch, Japanisch, Französisch und Spanisch. Die deutsche Sprache ist ihnen anscheinend zu schwer. Dafür überzeugen sie mit Sound-Effekten und einer grandiosen Aussicht.

In der Chicago Avenue wartet die belesene Fiakerin auf Kundschaft mit genügend Kleingeld

Metern eines der höchsten Gebäude der Welt, arbeiten über 16 000 Menschen. Überall hastet und rennt man. Das Rattern der »El« (»Elevated« = Hochbahn) und das Knattern der Presslufthämmer an den Baustellen, das Zischen der Bustüren, Hupen der Autos und das Wimmern der Polizeisirenen sorgen in diesem vitalen Zentrum für die städtische Begleitmusik.

Erst auf den zweiten Blick fallen die Skulpturen weltberühmter Künstler auf, die als riesige Monumente auf den Bürgersteigen stehen und einen markanten Kontrast zum eher grauen Einerlei der Häuser bilden: Pablo Picasso hat der Stadt eine 16 Meter hohe Plastik vermacht (Civic Center Plaza), vor dem Chicago Federal Building steht der »Flamingo«, die knallrote Plastik von Alexander Calder, neben der First National Bank erstreckt sich ein 20 Meter langes Mosaik von Marc Chagall, vor dem James R. Thompson Center ist Jean Dubuffets »Monument with Standing Beast« der Blickfang. Eine Kunstgalerie unter freiem Himmel, in der auch Henry Moore und Joan Miró vertreten sind.

Virtueller Pinball Slam – nicht nur für Kids – im »Disney Quest«, das mehr solcher Späße bereit hält

Die 1960er-Jahre standen im Zeichen heftiger Rassenunruhen und bremsten das Wachstum der Stadt. Aber schon mit dem Bau des gewaltigen O'Hare International Airport, einem der größten Flughäfen der Welt, wurde wieder zur Rekordjagd geblasen. Anfang der 1970er-Jahre wurde das John Hancock Center (875 N. Michigan Ave.) errichtet – damals das fünfthöchste Gebäude der Welt. Von der Aussichtsplattform hat man einen beeindruckenden Ausblick auf die Skyline der Stadt und den Lake Michigan. Wenig später wuchs der 443 Meter und

110 Stockwerke hohe Sears Tower aus der Innenstadt; der gigantische Wolkenkratzer war bis 1996 das höchste Gebäude der Welt.
Interessant das James R. Thompson Center, ein asymmetrisches Hochhaus aus Stahl und Glas, das in den Farben Blau, Orange und Silber erstrahlt und dessen Lichthof erst im 17. Stockwerk von einer zylinderförmigen Krone abgeschlossen wird. Der deutsche Architekt, der auch den O'Hare-Flughafen – und den Frankfurter Messeturm – entworfen hat, musste seine Pläne gegen den Widerstand der Behörden durchsetzen. Noch gewagter erschien vielen Bürgern der leuchtende Innenhof, den er in einem Anbau des Chicago Board of Trade schuf. Helmut Jahn: »Das Leben soll ein großes Fest aus Licht und Farben sein. Aber ich hatte damals Glück. Die Politiker zeigten sich aufgeschlossen. Heute könnte ich so etwas nicht bauen.«
Der wie ein Meer an die Stadt anbrandende Lake Michigan sorgt für das besondere Ambiente. Den Übergang vom Häusermeer zum Wasser schafft der Grant Park mit großzügigen Rasenflächen und dem Buckingham Fountain, der einem Brunnen in Versailles nachempfunden wurde. Hier gibt es im Sommer Konzerte und andere Veranstaltungen.

Wo aus der Michigan Avenue eine »Magnificent Mile« wird

Auf der prächtigen Michigan Avenue, die zwischen Loop und Grant Park nach Norden führt, weht der böige Wind gegen die historischen Fassaden mehrerer Nobelhotels. Weiter nördlich, jenseits des Chicago River, wird die Straße zur »Magnificent Mile«, einer beliebten (und sehr teuren) Einkaufsstraße mit exklusiven Läden, Hotels und Restaurants.

Plastik am Nike Shop

Chicago Avenue: die »Cheesecake Factory«

Einkaufen hat in Chicago Tradition: Bereits während der Pionierzeit gehörte die Stadt zu den größten Umschlagplätzen des Landes. Rinder und Schweine wurden aus Texas nach Kansas getrieben und mit der Eisenbahn zu den Schlachthöfen der Windy City gebracht. Das Fleisch ging, in Konserven verpackt, an die Ostküste. Auch die ersten Versandhäuser wie Sears und Montgomery wurden in Chicago gegründet. Bei Marshall Fields, dem weltbekannten Kaufhaus, gibt es noch heute alles unter einem Dach. Die aktuellen Trend-Shops findet man an der »Mag Mile« (Magnificent Mile) als Verlängerung der Michigan Avenue nördlich vom Chicago River.

Fabelhaft renoviert: das Treppenhaus des Konsumtempels Marshall Fields

Die Musik spielt im »B.L.U.E.S.« an der North Halsted, in der »Checkerboard Lounge« in der South Side und unzähligen anderen Clubs. Nur in New Orleans wird mehr Live-Musik gespielt. Meist erklingt unverfälschter Blues, die traurige Musik der Schwarzen, die in Chicago besonders zahlreich sind. Aber man hört auch Rock und Reggae – oder ein Konzert der Chicago Symphony, einem der besten Orchester des Landes. Chicago und Kultur gehören zusammen, was nicht immer so war. Über 60 professionelle Theatergruppen treten in der Stadt auf – im Loop, aber auch im Vergnügungsviertel Old Town, der ehemaligen Heimat der deutschen Siedler.

In River North, nördlich der Ontario Street, erstreckt sich ein ehemaliges Lagerhausviertel, das nach dem Vorbild von SoHo in New York in eine schicke Gegend mit Antiquitätengeschäften, Res-

Politisches Kabarett: Probe im seit 1959 bestehenden »The Second City«

Im »Blue Chicago« wird die Musik gemacht, für die die Stadt berühmt ist: Blues

Immer umlagert im Field Museum: das Skelett von Sue, dem besterhaltenen Saurier der Welt

taurants und Clubs umgestaltet wurde. Angesagte Szene-Orte sind Wicker Park und Bucktown mit ihren ethnischen Restaurants, Kaffeehäusern und Clubs.

Vorzügliche Museen für alle Interessensgebiete

Unter den vielen Museen ragt das »Museum of Science and Industry« hervor, ein schlossähnlicher Prachtbau in Hyde Park, in dem die Geheimnisse von Wissenschaft und Technik fast spielerisch erklärt werden. Die Besucher wandern beispielsweise durch ein Kohlebergwerk, sehen sich im fünf Meter hohen Modell eines menschlichen Herzens um und klettern durch ein deutsches Unterseeboot. Ein riesiger Spaß für die ganze Familie.

Ähnlich aufregend präsentiert sich das John G. Shedd Aquarium mit einem tropischen Meer aus elf Millionen Litern Meerwasser, die inmitten eines achteckigen Marmorbaus gegen die Wände schwappen. Vor einem künstlichen Korallenriff tummeln sich Haie, Barrakudas und andere tropische Fische.

Kunstfreunde schätzen »The Art Institute of Chicago«, das 1893 anlässlich der Weltausstellung errichtet wurde. In dem kolossalen Bau sind die alten Meister und vor allem die Impressionisten wie Renoir, Manet und Monet vertreten.

Heraus aus der Stadt ins ländliche Illinois

Zwei Bronzelöwen des amerikanischen Bildhauers Edward L. Kemey flankieren den Eingang des Museums und blicken auf den Beginn der legendären Route 66 an der Kreuzung Michigan Avenue und Jackson Street. Letztere ist jedoch Einbahnstraße, deshalb müssen Route-66-Fans die parallel verlaufende Adams St. benutzen und dann den braunen Schildern »Historic Route 66« nach Westen folgen. Durch den geschäftigen Loop und weitläufige Außenbezirke, vorbei an verlassenen Güterbahnhöfen und Lagerhallen geht es ins ländliche Illinois.

Zurück bleibt eine Stadt, die dem restlichen Amerika immer einen Schritt voraus ist. Mark Twain sagte: »Es ist unmöglich, mit dieser Stadt Schritt zu halten. Sie überlebt ihre eigenen Prophezeiungen und bietet immer etwas Neues!« Es kann keinen besseren Startpunkt geben für eine legendäre Straße wie die Route 66.

REISE-INFO
CHICAGO

Karte: Seite 110/111, Planquadrat A 9.

Anreise: Der O'Hare International Airport gehört zu den größten Flughäfen der Welt und wird z. B. von der Lufthansa direkt angeflogen. Er liegt ungefähr 25 km nordwestlich der Stadt. Die Blue Line der »El« (Hochbahn) verkehrt tagsüber alle 10, abends alle 30 Minuten zwischen Flughafen und Innenstadt, die Fahrt dauert ca. 45 Minuten. Zahlreiche Inlandsflüge enden auf dem kleineren Misway Airport (16 km südwestlich der Stadt). Von dort fährt die Orange Line der »El«.
Die Überlandbusse von Greyhound fahren zur Greyhound Bus Station (630 W. Harrison Street), die Züge der Amtrak zur Union Station (210 Canal Street). Fünf kreuzungsfreie Interstates führen nach Chicago.

Unterkunft: Im noblen »The Drake« findet man britische Eleganz – zu einem angemessenen Preis, versteht sich (140 E Walton Place, Tel. 312/787-2200, Fax 787-1431). Den schönsten Ausblick hat man vom luxuriösen »Swissotel« (323 E Wacker Drive, Tel. 565-0565, Fax 565-9930, www.swissotel.com). Zwar gewöhnungsbedürftig, aber originell und farbenfroh ist das künstlerische Design im beliebten Hotel »Allegro« (171 W Randolph St., Tel. 236-0123, Fax 236-3177). Nördlich der Innenstadt liegt das nüchterne, aber preiswerte »Courtyard by Marriott« (30 East Hubbard Street, Tel. 329-2500, Fax 329-9452). Neben dem gleichnamigen Musik-Lokal liegt das »House of the Blues Hotel« mit gotischem, marokkanischem, indischem und Südstaaten - Schnickschnack (Dearborn Avenue, Tel. 245-0333, Fax 245-0504). Beinahe privat wohnt man in der gemütlichen Vorstadt-Herberge Surf Hotel (555 Surf Street, Tel. 773/528-8400, Fax 528-8483). Für ihre sauberen Zimmer und günstigen Preise (inkl. Frühstück) sind die »Hampton Inn & Suites« bekannt (33 West Illinois Street, Tel. 832-0330, Fax 832-0333).

Essen/Ausgehen: Zu den besten Gourmet-Restaurants der USA mit französischer Küche gehört das »Ambria« (2300 Lincoln Park W, Tel. 773/472-0076). Täglich aus dem Pazifik eingeflogen wird der Fisch für »Nick's Fishmarket« (First National Bank Plaza, Tel. 312/612-0200). Exzellente US-Küche serviert Spitzenköchin Suzy Crofton im »Crofton on Wells« (535 N Wells Street, Tel. 755-1790). Die saftigsten Steaks und die größten Martinis werden in »Gibson's Steakhouse« serviert (1028 N Rush Street, Tel. 266-8999), beinahe ebenso gut sind die Steaks bei »Gene and Georgetti's« (500 N Franklin Street, Tel. 527-3718). Wer »Spareribs satt« mag, sollte bei »Carson's« einkehren (612 N Wells Street, Tel. 280-9200). Einen exquisiten Mix aus marokkanischer und französischer Küche bekommt man im arabisch eingerichteten »Tizi Melloul« (531 N Wells Street, Tel. 670-4338). Die beste Aussicht hat man im »Signature Room at the 95th« im 95. Stock des John Hancock Center (875 N Michigan Avenue, Tel. 787-9596), besonders empfehlenswert ist der sonntägliche Brunch. Skandinavische Küche, z. B. Fleischklößchen, ist im Kultlokal »Ann Sather« angesagt (929 Belmont Avenue, Tel. 773/348-2378). Durch den Film »Forrest Gump« wurde das Seafood-Lokal »Bubba Gump Shrimp Company« inspiriert, es liegt direkt am Navy Pier und serviert (natürlich) Shrimps und Fisch (700 E Grand Avenue, Tel. 312/595-5500).
Üppig belegte Sandwiches gibt es bei »The Potbelly Sandwich« (2264 N Lincoln Avenue, kein Telefon). Hot Dogs und Pan Pizza wurden in Chicago erfunden. Die besten gibt es bei »Gold Coast Dogs« (418 State Street, kein Telefon) und »Pizzeria Uno« (29 E Ohio Street, Tel. 321-1000). Noch ein Tipp für Freunde authentischer Chinesen-Kost: »Three Happiness« (209 Cermak Rd., Tel. 842-1964).

Nachtleben: Der Blues ist in Chicago zu Hause, am besten klingt er im »B.L.U.E.S.« (2519 Halsted Street, Tel. 773/528-1012), das von der »New York Times« als »sichere Bank« bezeichnet wurde. Auf die 1940er-Jahre und traditionellen Blues ist das »Blue Chicago« getrimmt (736 N Clark Street, Tel. 312/642-6261). Auf zwei Bühnen wird im traditionellen »Kingston Mines« musiziert (2548 N Halsted Street, Tel. 773/477-4646). Sowohl Hard Rock als auch abgehobener Alternative Rock erklingen im dunklen »Double Door« (1572 N Milwaukee Avenue, Tel. 489-3160). Der Rock der siebziger Jahre dröhnt durch die ehemaligen Lagerräume, in denen das »Drink« (702 W Fulton St., Tel. 312/733-7800) domiziliert; dort werden manche Drinks in Eimern serviert. Schräge

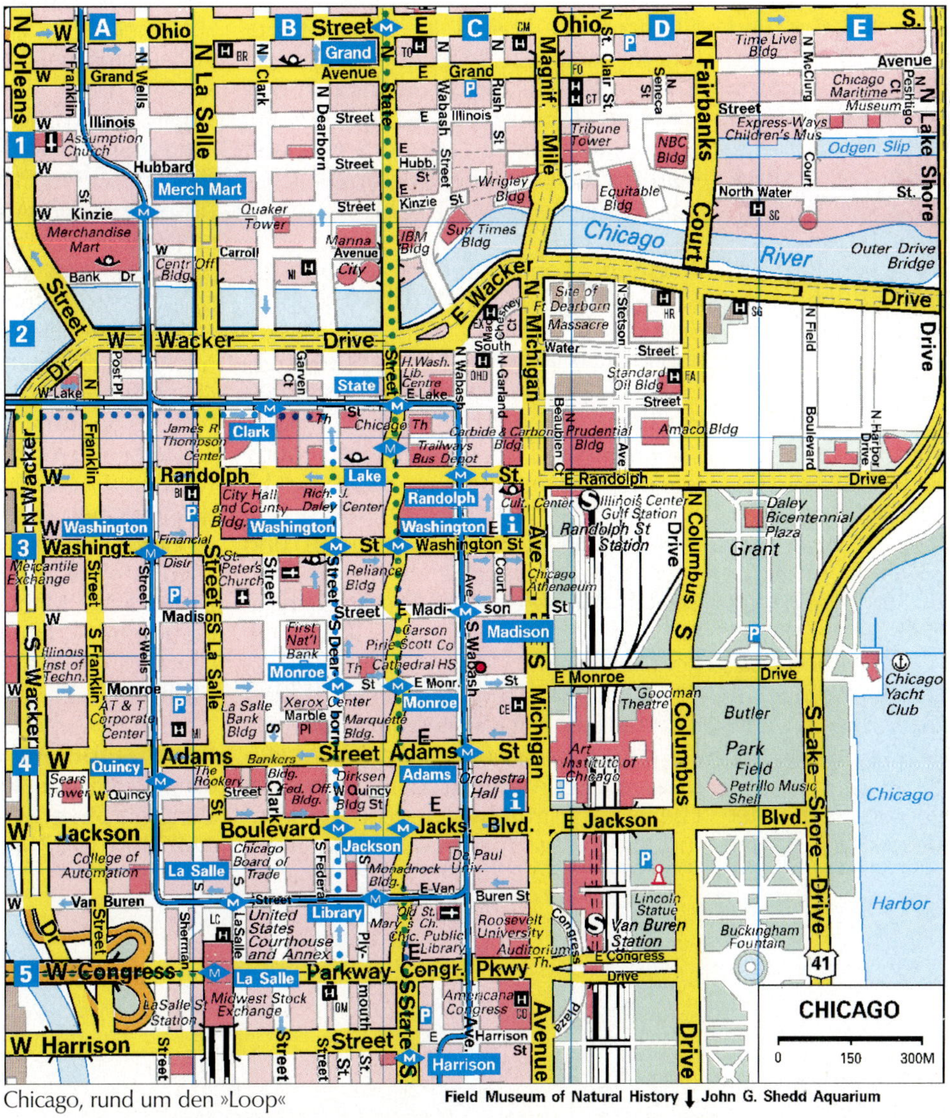

Chicago, rund um den »Loop«

Vögel und bunte Gestalten verkehren im Club »Red Dog« (1958 W North Avenue, Tel. 773/278-1009).

Politisches Kabarett der besten Art wird in »The Second City« aufgeführt, und das schon seit 1959 (1616 N Wells Street, Tel. 312/337-3992).

Das weltberühmte Chicago Symphony Orchestra musiziert seit 1891 und widmet sich jeden Sommer einem bestimmten Künstler (220 S Michigan Avenue, Tel. 294-3000). Traditionelles Theater und ausgefallene Performances schätzt man bei der Steppenwolf Theatre Company (1630 N Halsted Street, Tel. 335-1650).

Das Stadion Comiskey Park ist die Heimat der White Sox, einem der bekannten Baseball-Teams

Sehenswürdigkeiten: Bester Ausblick auf die Stadt aus den höchsten Wolkenkratzern: Sears Tower (Stadtplan S. 21, Planquadrat A 4; 233 S Wacker Drive, Tel. 875-9696, tgl. 9–23 Uhr) und John Hancock Center Observatory (875 N Michigan Avenue, Tel. 875-VIEW, tgl. 9–24 Uhr). Der historische Water Tower (Wasserturm) überstand das Feuer von 1871 (800 N Michigan Avenue). Klassische Art-déco-Motive schmücken einen der schönsten Wolkenkratzer der Stadt, Chicago Board of Trade (B 4; 141 W Jackson Boulevard, Tel. 435-3500). Vom Besucherzentrum im fünften Stock kann man dem geschäftigen Treiben der Börse zusehen. Das Carbide and Carbon Building (C 2/3; 230 N Michigan Avenue) ist der edelste Wolkenkratzer: Die Spitze ist mit Blattgold verkleidet. Zur Fassade des Chicago Tribune Tower (C/D 1; 435 N Michigan Avenue) gehören Steine der berühmtesten Gebäude der Welt, darunter die Cheops-Pyramide und die Berliner Mauer. Wie ein futuristisches Raumschiff wirkt das farbenprächtige James R. Thompson Center (B 2/3; 100 W Randolph Street, Tel. 814-6660).

Navy Pier (600 E Grand Avenue, Tel. 595-PIER) wurde 1995 in einen Vergnügungssteg mit Restaurants, Läden und Karussells umgebaut. Computer-Kids kommen im virtuellen Vergnügungspark Disney Quest (55 E Ohio St., Tel. 222-1300) auf ihre Kosten. Interessante Touren für Architektur-Freunde bietet die Chicago Architecture Foundation (875 N Michigan Avenue, Tel. 922-TOUR), auf den Spuren von Al Capone & Co. fährt man mit den Untouchable Tours (P. O. Box 43185, Tel. 773/881-1195).

Museen: Wohl zu den interessantesten Museen der Welt gehört das Museum of Science & Industry (57th Street/Lakeshore Drive, Tel. 684-1414, tgl. 9.30–17.30 Uhr), seit 1933 in einem klasssizistischen Prachtbau untergebracht. Die Attraktionen: die Nachbildung eines Kohlebergwerks, der Gang durch ein deutsches U-Boot, eine Brutstation für Küken, ein menschliches Herz in Übergröße und Raumkapseln. Das Skelett des größten Sauriers der Welt steht in The Field Museum of Natural History (Roosevelt Road/Lakeshore Drive, Tel. 312-922-9410, tgl. 9–17 Uhr), das zu den besten naturhistorischen Museen der Welt zählt. Zu den Attraktionen gehört ein Marktplatz aus dem Reich der Pharaonen. Ebenfalls Weltruf erlangte The Art Institute of Chicago (C/D 4; 111 S Michigan Avenue, Tel. 443-3600, Mo, Mi, Do, Fr 10.30–16.30 Uhr, Di 10.30–20, Sa 10–17 Uhr, So 12–17 Uhr). Seit der Weltausstellung 1893 wird hier erlesene Kunst aus zwei Jahrtausenden gezeigt. Unter den ausgestellten Künstlern sind Rembrandt, El Greco, Monet, Renoir, Manet, Chagall und Georgia O'Keeffe. Die Welt im Mini-Format erforschen Kinder im vorbildlichen Chicago Children's Museum (700 E Grand Avenue, Tel. 527-1000, Di–So 10 bis 17, Do 17–20 Uhr). Einen interessanten Einblick in die Geschichte von Chicago und die Weltausstellung bekommt man in der Chicago Historical Society (1601 N Clark Street, Tel. 642-4600, Mo-Sa 9.30–16.30 Uhr, So 12–17 Uhr). Im Frank Lloyd Wright Home and Studio (951 Chicago Avenue, Tel. 708-848-1976, nur geführte Touren, Mo–Fr 11, 13, 15 Uhr, Sa, So 10, 15.30 Uhr), dem Wohnhaus und Studio des berühmten Architekten, erkennt man die kühnen geometrischen Formen, die selbst heute noch modern erscheinen.

Shopping: Die »Magnificent Mile« der N Michigan Avenue ist eine noble Einkaufsstraße mit (nicht ganz billigen) Einkaufszentren und Boutiquen. Die beste Adresse: 900 N Michigan mit Bloomingdale's und 70 ausgesuchten Läden. Marshall Fields (111 North State Street), der Konsumtempel des Chicagoer Kaufhauskönigs, bietet alles unter einem Dach, sogar antiquarische Bücher. Im Virgin Megastore (540 N Michigan Avenue), dem größten Plattenladen der Welt, bleibt kein CD-Wunsch offen, eine Riesenauswahl an Büchern führt Borders Books (830 Michigan Avenue). Ein Turnschuh-Paradies für markenbewusste Kids ist die Riesenfiliale von Niketown (669 N Michigan Avenue). Das gesamte Merchandising der Chicago Bulls bekommt man im Sportmart (620 N LaSalle Street). Chicago-Souvenirs in unglaublicher Auswahl führt Accent Chicago (875 N Michigan Avenue). Die wohl größte Auswahl an Blues-Platten findet man bei Big Chicago Records, Inc. (909 Forest Avenue). Erstaunliche Mitbringsel mit dem weltberühmten Zeitungs-Logo gibt es im Chicago Tribune Gift Store (435 North Michigan Avenue).

Information: Chicago Office of Tourism, Chicago Cultural Center, 78 E Washington Street, Chicago, IL 60602, Tel. 744-2400, Fax 744-2359, www.ci.ch.i.us.

Die Börse – ein Art-déco-Wolkenkratzer

Die Chicago Cubs werben im »Tribune Tower«

Miami? Auch die Windy City hat Strände – am 58 000 Quadratkilometer großen Lake Michigan

Navy Pier: heute Vergnügungspark, davor trainierten hier Marine-Soldaten

Sport hat eine lange Tradition in Chicago. Bei den Zuschauern favorisiert – weil höchst erfolgreich – sind die Basketballer der Chicago Bulls. Hier sorgt Ex-Spieler und Legende Michael Jordan immer noch für Ruhm. Der Club ist auf die Meisterschaft abonniert. Von ihrer glorreichen Vergangenheit zehren die Baseballer der Chicago Cubs, die im traditionsreichen Wrigley Field Stadium spielen, während die White Sox im Comiskey Park antreten. Auf dem Soldier Field »prügeln« sich die Footballer der Chicago Bears.

Einfach Spaß haben – auf Inline-Skates durch den Lincoln Park

Ländliches Idyll im Lincoln Country

Gr. Foto: Kutsche der Amish People in den Rockome Gardens, Arcola. Kl. Foto: Im Historic Site New Salem stellen Mitarbeiter historische Bewohner dar.

Das ländliche Illinois, die Heimat von Präsident Abraham Lincoln (1865 ermordet), hat sich sein nostalgisches Flair bewahrt: Die Route 66 führt an verträumten Dörfern und einsamen Farmen vorbei. Dazu passt das Landleben der Amish People, die mit der Moderne nichts im Sinn haben. Staatshauptstadt ist Springfield, das noch viele Erinnerungen an Abe Lincoln vorweisen kann.

Bill Shea verbrachte sein ganzes Leben an der legendären Straße und kann sich noch an die Zeit erinnern, als eine Gallone (ca. 3,7 Liter) Benzin für 90 Cents verkauft wurde. Heute werden anderthalb Dollar verlangt. Von 1935 bis 1982 arbeitete der heute Achtzigjährige auf seiner Tankstelle in Springfield, Illinois. Inzwischen hat er seine Werkstatt in ein Museum umgewandelt, mit alten Tanksäulen, historischen Straßenschildern und seltenen Fotos aus der turbulenten Geschichte der »Main Street of America«. Einige Fotos zeigen hoffnungsvolle Farmer aus der Umgebung, die während der Depression aus Illinois flohen, um in Kalifornien ein neues Glück zu suchen.

»Das waren schwere Zeiten damals«, erinnert der alte Tankstellenbesitzer sich an die frühen dreißiger Jahre, »ich sehe die hoffnungsvollen Gesichter der Leute noch heute vor mir. Damals reiste man anders. Die Autos waren lange nicht so bequem, und manchmal war der ganze Hausstand auf dem Dach festgezurrt. Es gab keine Anhänger und keine Kühltaschen. Es gab noch keine Motels, und eine Landkarte brauchte man nicht. Es gab nur diese eine Straße.«

Der alte Bill hat die Route 66 niemals verlassen: »Ich wurde an der Straße geboren und wohnte niemals mehr als zwei Häuserblocks entfernt.« Seine Eltern besaßen kein Automobil, und es dauerte lange, bis er die Straße selber unter den Rädern spürte. »Zur Belohnung, weil ich gute Arbeit geleistet hatte, durfte ich mal eine Viertelstunde mitfahren.« Der Tankwart, der immer noch seine erste Texaco-Uniform besitzt, kann nicht klagen: »Zu mir ist die Straße immer gut gewesen. Ich habe von ihr gelebt. Besonders nach dem Krieg war es schwer, im Geschäft zu bleiben, aber dann wurden die Leute wohlhabender, und immer mehr Autos rollten über die Route.«

Seinerzeit, als sich ein Tankwart noch ums Auto kümmern musste

Der Konkurrenzkampf war damals sehr groß. »Es gab keine Selbstbedienung, und von den Tankwarten wurde verlangt, dass sie den Ölstand und den Reifendruck checkten. Die Autos waren noch nicht so perfekt, und alle 30 000 Meilen war eine Generalinspektion fällig. Für eine Reise wurde lange gespart.« Das Ende kam in den 1970er-Jahren, als eine Umgehungsstraße und die Interstate 55 gebaut wurden. »Die Schnellstraße nahm mir viele Kunden weg. Ich musste kämpfen. 1982 gab ich auf. Ich eröffnete einen Handel mit Zubehörteilen und richtete die Tankstelle als Museum ein.«

Der erste Wagen von Bill war ein 37er-Ford, dann kamen ein 41er-Ford und

Heute ist New Salem, wo Abraham Lincoln als junger Mann lebte, ein Freilichtmuseum

Traditioneller Hut: junge Wächterin im Lincoln State Park

Springfield: Es soll Glück bringen, die Nase der Lincoln-Büste zu berühren

Abraham Lincoln, ein ehemaliger Postmeister und Landvermesser, studierte Jura und praktizierte ein Vierteljahrhundert als Rechtsanwalt, bevor er Präsident wurde. In flammenden Reden trat er für die Gleichheit aller Menschen vor dem Gesetz ein – obwohl es im amerikanischen Bürgerkrieg von 1861 bis 1865 eher um wirtschaftliche Belange und die Vormachtstellung des industriellen Nordens ging.

Blick in die Kuppel des State Capitol in Springfield; im Vorgängerbau hielt Lincoln seine ersten Reden

Zukunftsweisende Architektur: Blick in den Speiseraum des Dana-Thomas-Hauses von F. L. Wright

Stilecht: in roter Corvette bei Bill Shea's

ein 69er-Pickup. Weiter als Oklahoma City ist er nie gefahren. Springfield, Illinois, gefällt ihm. Die Hauptstadt des »Lincoln State« ist wirtschaftlich gesund, profitiert von der Wiederbelebung der Route 66 und liegt inmitten einer ländlichen Idylle, die immer noch den Geist ihres berühmtesten Bürgers atmet: Abraham Lincoln.

Dem späteren Präsidenten der Vereinigten Staaten war es zu verdanken, dass Springfield 1837 zur Hauptstadt von Illinois ernannt wurde. Lincoln wuchs im benachbarten New Salem auf, war Ladenbesitzer, Postmeister, Vermesser und Jurastudent, bevor er als Rechtsanwalt nach Springfield ging. Er praktizierte ein Vierteljahrhundert in seinem Bezirk und erlangte einen Wohlstand, der ihm half, erfolgreich für das Amt des Präsidenten zu kandidieren.

Lincoln wurde am 6. November 1860 gewählt, kurz vor Ausbruch des Bürgerkriegs (1861/65), und verließ die Stadt am 11. Februar 1861. Vor dem Great Western Depot hielt er eine Lobesrede auf Springfield. Nach seinem gewaltsamen Tod wurde er 1865 auf dem Oak Ridge Cemetery beigesetzt. Ein eindrucksvolles Monument und zahlreiche

Ziel fürs Jungvolk in Braidwood: nach dem Baseball im Pickup zum »Polka Dot Diner«

Bronzestatuen erinnern die Besucher an den legendären Mann.

Freilichtmuseum: wie zu Zeiten des jungen Abe

Eine Reise durch Lincolns Leben beginnt in New Salem, ungefähr zwanzig Meilen nordwestlich von Springfield an der Route 97. Von 1831 bis 1837 lebte der 1809 geborene Lincoln in dem Dorf, das originalgetreu nachgebaut und in ein Freilichtmuseum verwandelt wurde. Die kostümierten Bewohner demonstrieren anschaulich, wie anstrengend das Leben vor mehr als 150 Jahren war – als Farmer, Schmied oder Magd. Johanna Toomey, die als Mrs. Zachariah Nance am Webstuhl sitzt und farbenprächtige Decken fertigt, berichtet über den jungen Abraham Lincoln aus der Nachbarschaft: »Abraham kommt aus einer armen Familie. Er besitzt nur zwei Hosen und ein Hemd, und ich sehe ihn Tag und Nacht arbeiten.«

In der Innenstadt von Springfield liegt die Kanzlei, in der Abraham Lincoln mit seinem Partner William Herndon von 1843 bis 1853 praktizierte. Die historischen

Nichts für Diabetiker: Kuchen à gogo in Lichfields »Ariston«

Räume wurden kaum verändert. Eine Straße weiter ragt die Kuppel des Old State Capitol empor, in dem Abraham Lincoln einige seiner berühmtesten Reden hielt. Zwischen 1837 und 1860 verteidigte er über hundert Fälle im Supreme Court, und in der Bücherei gehörte er zu den meistgesehenen Besuchern. Nach seiner Ermordung wurde die Leiche des Präsidenten im zweiten Stock des Parlamentsgebäudes aufgebahrt.

Liebevoll restauriert wurde auch das

Wohnhaus der Lincolns an der Ecke Eighth und Jackson Street. Hier wohnten Abraham und Mary Todd Lincoln von 1844 bis 1861. Sie zahlten 1500 Dollar für das zweistöckige Holzhaus, in dem drei ihrer vier Kinder geboren wurden. Das Gebäude, mit Originalstücken und zeitgenössischen Möbeln ausgestattet, liegt in einem Stadtviertel aus der Zeit vor dem Bürgerkrieg.

Die Geschichte der Route 66 begann in Illinois früher als anderswo. Bereits um 1918 gab es zwischen Chicago und Springfield eine Straße – den berüchtigten Pontiac Trail. Dessen Fahrspuren waren gerade mal zwei Meter breit und lediglich in den Städten mit roten Backsteinen gepflastert. In der Nachbarschaft von Elwood, Thayer, Virden und Carlinville kann man den Originalbelag immer noch sehen. Um 1939 wurden die Fahrspuren auf drei Meter erweitert. Zwischen Litchfield und Mount Olive ist ein Teilstück zu sehen. Erst um 1940 wurden die Straßen auf die heutige Breite ausgebaut. Der Niedergang der Route 66 begann bereits nach dem Zweiten Weltkrieg, als zahlreiche Umgehungsstraßen gebaut wurden und die Autofahrer nicht mehr über die geschäftigen Main Streets der Orte fahren mussten.

Bald hinter Chicago wird es ländlich-sittlich

Außerhalb von Chicago, dem Startpunkt der langen Reise über die Route 66, führt die Straße nach Joliet. Die kleine Stadt am 150 Jahre alten Illinois & Michigan Canal rühmt sich mehrerer »Riverboat Casinos« und des Rialto Square Theatre, in dem Musicals und Revuen aufgeführt werden. Jenseits des Kanals warten verschlafene Dörfer und weite Felder. Zwischen den Hügeln liegen einsame Farmen. Einige Autohändler haben ihre Werkstätten an die historische Route 66 verlegt und bieten chromblitzende Oldtimer an.

Hier draußen hat sich in den letzten fünfzig Jahren kaum etwas verändert, und nur das Atomkraftwerk hinter Wilmington erinnert die Autofahrer daran, in welcher Zeit sie leben. In der kleinen Stadt wacht der »Gemini Giant«, ein überlebensgroßer Astronaut, vor dem »Launching Pad Drive-In«. Der Riese stand einst vor einer Tankstelle und hielt eine Benzinpumpe statt der modernen Rakete.

Unübersehbar: »Gemini Giant« in Wilmington

»Dixie Truckers Home« – traditionsreicher Truckstop an der Route 66

Und das sind die krächzenden Lautsprecher: Drive-in-Kino in Lichfield

Ein zitterndes Bild auf einer riesigen Leinwand, knisternde Lautsprecher, bunte Lichtflecken auf dem Autoblech und den Popcorn-Eimer zwischen den Knien: Drive-In-Theatres (Autokinos) sind keineswegs gemütlich. Aber wer schaute sich hier schon ernsthaft den Film an? Während der (gar nicht so goldenen) Fifties waren die Jugendlichen im Autokino endlich allein und konnten ungestört schmusen – auf dem Rücksitz von Papas Chevy oder Ford.

Selbst an der Interstate werben große Schilder für Funk's Grove in Shirley südlich von Bloomington. Spätestens in dem Geisterstädtchen, das aus einem verwahrlosten Bahnhof, einer verrosteten Zapfsäule und einem Ramschladen besteht, merkt man, dass die Farm der Funks erreicht ist. Die deutsche Auswandererfamilie handelte mit Rindern und Schweinen, bevor sie daranging, selbst gezapften Ahornsirup anzubieten. Steve Funk betreibt das Geschäft in der sechsten Generation und exportiert seinen Sirup bis nach Europa. »Ich benutze heute noch die alte Straße«, sagte er, »da geht es gemütlicher zu. Ich denke über die Zeiten nach, als ganz Amerika über die Route 66 fuhr.«

»Dixie Truckers Home« in McLean, eben-

Führt über den Mississippi: Clark Bridge in Alton

falls etwas südlich von Bloomington, wurde nach dem gastfreundlichen »Dixieland«, den amerikanischen Südstaaten, benannt und gehört zu den frühesten Truckstops an der historischen Straße. 1928 eröffnet, wuchs er von einer Tankstelle mit angebautem Imbiss zu einem stattlichen Truckstop heran. Bereits in den fünfziger Jahren hatte man rund um die Uhr geöffnet. »Dixie Roasted Chicken« gehört immer noch zu den Spezialitäten, und am originalen Soda Fountain werden wieder Cherry Cokes und Milk Shakes gezapft. An den Wänden erinnern Fotos an jene Zeiten, als riesige Straßenkreuzer auf dem Parkplatz hielten.

Auch Springfield hat sich ein nostalgisches Ambiente bewahrt – obwohl die Kids in der Hauptstadt von Illinois eher an die Simpsons denken. Die gelben Cartoon-Helden treiben in Springfield ihr Unwesen – sagt man. Die Route-66-Fans treffen sich im Museum von Bill Shea oder auf einen Hot Dog im historischen Cozy Drive-In. Seit 1949 werden hier die legendären Cozy Dogs (frittierte Hot Dogs am Stiel) serviert.

Die ländliche Idylle der damaligen Zeit ist in den Dörfern der näheren Umgebung lebendig: In Chatham, wo jährlich ein »Kuhfladen-Weitwurf-Wettbewerb« stattfindet; in Carlinville, das unter die hundert schönsten Kleinstädte der USA gewählt wurde; in Arthur und Arcola, wo man sich die Straße mit den Pferdekutschen der Amish People teilen muss.

In Arcola mehr über die Amish People erfahren

Im Illinois Amish Interpretive Center in Arcola (rund 120 Kilometer östlich der Route 66) erfährt man mehr über diese Glaubensgemeinschaft, in der Technik und Fortschritt als etwas Verwerfliches abgelehnt und in der beschaulichen Vergangenheit Heil gesucht wird. Hinter dem Tresen des kleinen Ladens, in dem Spielzeug, Kerosinlampen, Quilts und Lebensmittel der Amish People verkauft werden, bedienen die direkten Nachfahren der ersten Amish People in Illinois.

Alton: der größte Mensch in Lebensgröße

Südlich von Springfield ändert sich die Szenerie kaum. Endlose Felder, Getreidesilos und Scheunen, Kleinstädte

In den Rockome Gardens in Arcola (unten)

und Dörfer wie Litchfield, ehemals eine geschäftige Bergwerksstadt mit der ersten Ölförderung in Illinois. Im »Ariston Cafe«, das es seit 1935 gibt, werden die besten Pork Chops an der Route 66 serviert. Die Möbel stammen aus dem Jahr 1954, darauf legt man Wert in dem historischen Lokal. Vor der Stadt sind noch die roten Ziegel der alten Route-Trasse zu sehen, ebenso in Mount Olive, das sich einer alten Shell-Tankstelle aus den goldenen Tagen der Route 66 rühmt. Dahinter wieder Maisfelder bis zum Horizont und bei Hamel ein ländliches Idyll mit wogenden Feldern, einsamen Farmen und roten Scheunen.

Abstecher für einen Ausflug an den Mississippi

Einen Vorgeschmack auf die romantischen Uferlandschaften bei St. Louis bekommt man auf einem Abstecher auf die Great River Road zwischen Grafton und Alton (nicht bis Meppen weiterfahren!) nördlich der Millionenstadt. Oberhalb der felsigen Steilufer locken beschauliche Parks und Restaurants und Antique Stores in ehemaligen Lagerhäusern zum Bummeln. Auch der Blick auf den Fluss beeindruckt immer wieder. Im Winter lassen sich hier unzählige Adler nieder. Auf dem Mississippi schaukelt die »Alton Belle Casino« und lockt zum Zocken, am Ufer erheben sich die rostigen Gerippe von Metallgerüsten und Kränen. Hinter Alton führt die gelbe Clark Bridge, benannt nach dem Entdecker William Clark der »Lewis & Clark Expedition«, über den breiten Fluss. Schließlich geht es am viel besungenen »Ol' Man River« entlang nach St. Louis, dem traditionellen Tor zum Westen.

Ein modernes Casinoboot im Stil alter Mississippi-Dampfer

Gezockt wird auf dem Fluss – wie vor 150 Jahren, als in den schwimmenden Palästen der Mississippi-Dampfer ganze Vermögen, Farm und Sklaven verspielt wurden. Heute geht überwiegend es um kleinere Beträge. In umgebauten Raddampfern sowie in modernen Kopien warten Roulett- und Black-Jack-Tische sowie Einarmige Banditen auf vergnügungssüchtige Touristen, die auf dem Mississippi einen Hauch von Las Vegas spüren wollen. An Land ist Glücksspiel streng verboten.

Ein Banjo-Solo sorgt für gute Stimmung in der Kneipe von Grafton

REISE-INFO
ILLINOIS

Karte: Seite 110/111, Planquadrat A 9, B 8/9, C 8.

Anreise: Die meisten Orte sind mit dem Greyhound-Bus erreichbar, aber grundsätzlich ist der (Miet-) Wagen der unproblematischere Weg.
Die Aufzählung der Orte in den Rubriken folgt der Route 66 von Ost nach West.

Unterkunft: In **Joliet** gibt es eine ganze Reihe von sauberen und preiswerten Kettenhotels, etwa »Comfort Inn North« (3235 Norman Avenue, Tel. 815/436-5141, Fax 436-5141), »Fairfield Inn South« (1501 Riverboat Center, Tel. 741-3499, Fax 741-3499) und »Holiday Inn Express« (411 South Larkin Avenue, Tel. 729-2000, Fax 729-4231). In **Bloomington** genügt das »Radisson« auch gehobenen Ansprüchen (10 Brickyard Drive, Tel. 309/664-6446), preiswert und sauber ist die »Econo Lodge« (401 Brock Drive, Tel. 829-3100). In **Litchfield** wartet das »66 Motel« (621 North Sherman Street, Tel. 217/324-2179), nichts Besonderes, aber für Route-66-Fans schon wegen des Namens ein Muss. Empfehlenswert auch das »Best Western Gardens« (413 West Columbian Boulevard, Tel. 324-2181, Fax 324-2181). In **Alton** ist der biedere »Holiday Inn« die beste Adresse (3800 Homer M. Adams Parkway, Tel. 618/462-1220, Fax 462-0906), einfach und sauber ist der »Comfort Inn« (11 Cross Roads Court, Tel. 618/465-9999, Fax 465-0055). Einen Hauch von Mississippi-Romantik erfährt man in **Grafton** im »Ruebel Hotel & Saloon« (217 East Main Street, Tel. 786-2315, Fax 786-2325).

Restaurants: Der »Launching Pad Drive-In« in **Wilmington** (810 East Baltimore Street, Tel. 815/476-6535) bietet Fast Food in bescheidener Qualität, aber der grüne Riese des »Gemini Giant« vor dem Eingang macht alles wett. Im legendären »DixieTruckers Home« in **McLean** (Interstate 55/U.S. 136, Tel. 217/235-5661) muss man die Hausspezialität, Dixie Roasted Chicken, und eine Cherry Coke probieren (Vorsicht, Kalorien!). Im schon lange Jahre kultigen »Ariston Cafe« in **Litchfield** (Old Route 66, Tel. 217/324-2023) werden hervorragende Pork Chops serviert.

Sehenswürdigkeiten: **Joliet** liegt am historischen Illinois & Michigan Canal. Harrah's Joliet Casino ist auf zwei Mississippi-Dampfer verteilt (Tel. 1-800-HARRAHS, nur in den USA). Auch auf den beiden Dampfern des Empress Casino ist Glücksspiel angesagt (2300 Empress Drive, Tel. 815/744-9455). Im Rialto Square Theatre (102 North Chicago Street, Tel. 726-6600), einem prächtig restaurierten Vaudeville-Theater, werden Musicals und andere Shows aufgeführt. **Bloomington** ist eine gemütliche Kleinstadt inmitten der Illinois-Prärie. The Apple Barn (Rural Route 4, nur Juli bis Dezember, Tel. 309/963-5557), eine historische Apfel-Plantage, lohnt einen Besuch. In Funk's Grove kurz hinter **Shirley** erinnern ein altes Eisenbahndepot und eine alte Zapfsäule an bessere Zeiten, etwas südlich befindet sich dann die Ahornsirupfabrik. Von der Great River Road zwischen **Grafton** und **Alton** hat man einen herrlichen Ausblick auf den Mississippi. Ohne Limit werden die Einsätze im Alton Belle Riverboat Casino akzeptiert (Piasa Street und Broadway, Tel. 1-800-336-7568, nur in den USA).

Shopping: Sehr begehrten (und daher rasch ausverkauften) Ahornsirup gibt es bei Funk's Grove Pure Maple Syrup in **Shirley** (Box 41A, Tel. 309/874-3360). Ein Überangebot an stimmungsvollen Antique Shops hat sich in den Antique Districts von **Alton** (Broadway Street, Tel. 1-800-258-6645, nur in den USA) und **Grafton** (Main Street, Tel. 1-800-258-6645, nur in den USA) angesiedelt.

Information: Fremdenverkehrsamt Illinois c/o Wiechmann Tourism Services, Scheidswaldstraße 73, 60385 Frankfurt/Main, Tel. 069/443353, Fax 439631, Internet: www.enjoyillinois.com. Route 66 Association of Illinois, P. O. Box 8262, Rolling Meadows, IL 60008.

Springfield

Karte: Seite 110/111, Planquadrat B 8.

Anreise: Der Capital Airport von Springfield (Illinois) wird von zahlreichen amerikanischen Fluglinien angeflogen. Über die Interstate 55 sind es 189 Meilen von Chicago und 100 Meilen von St. Louis. Auch die Überlandbusse von Greyhound halten in Springfield.

Unterkunft: Wenige hundert Meter von der Interstate liegt das elegante »Crowne Plaza Hotel« mit sehr geräumigen Zimmern und einem überdachten Pool (3000 South Dirksen Parkway, Tel. 217/529-7777, Fax 529-6666). Sehr saubere Zimmer oder elegante Mini-Suites und das Frühstück inklusive bietet der »Mansion View Inn & Suites« (529 South Fourth Street, Tel. 544-7411, Fax 544-6211). Freundliche Mini-Suites und eine große Schwimmhalle findet man im neuen »Northfield Inn« (3289 Northfield Drive, Tel. 523-7900, Fax 523-7273. Nur drei Häuserblocks vom State Capitol entfernt steht der historische »Inn at 835«, ein elegantes Bed & Breakfast mit sehr persönlich eingerichteten Zimmern, das Frühstück ist üppig (835 Second Street, Tel. 523-4466, Fax 523-4468). Sauber und preiswert sind die Zimmer im »Knights Inn« (3125 Wide Track Drive, Tel. 789-9471). Empfehlenswert für sparfreudige Urlauber: »Drury Inn« (3180 South Dirkson Parkway, Tel. 529-3900, Fax 529-3900).

Restaurants: Seit über 100 Jahren wird im Innenstadt-Lokal »Maldaner's« (222 South Sixth Street, Tel. 522-4313) bodenständige amerikanische Küche serviert. Karibisch angehauchte Gerichte mit einer sehr fruchtigen Tomatensoße bekommt man im »Cafe Brio« (524 East Monroe Street, Tel. 544-0574). Als trendy wird die Mittelmeerkost bei

Meist sehr gute Qualität bieten die Lebensmittelläden der Amish People; hier in Tuscola

Wer Ahornsirup mag, ist hier richtig: alle Varietäten sind erhältlich in »Funks Grove« bei Shirley

»Sebastian's Hide-out« (221 South Fifth Street, Tel. 789-8988) bezeichnet. Innovative Gerichte aus Florida und asiatisch beeinflusste Leckereien sind die Spezialität des »Indigo« (3013 Lindbergh Boulevard, Tel. 726-3487). Hausmannskost aus Norditalien kommt bei »Rizzi's« (3123 Robbins Road, Tel. 726-5343) auf den Tisch. Ausgefallene amerikanische Gerichte werden im »Augie's Front Burner« (Capitol Plaza, Tel. 544-6979) auf fantasievolle Weise präsentiert. Route-66-Fans essen im »Cozy Drive-In« (2935 South Sixth Street, Tel. 525-1992 – aber nur um der alten Zeiten willen: Für einen »Cozy Dog« braucht man einen stabilen Magen.

Nachtleben: Das nächtliche Angebot von Springfield beschränkt sich auf Saloons und Sports Bars, wo man sich gemeinsam Football und Baseball im Fernsehen ansieht. Am gemütlichsten ist es im »Brewhaus« (617 East Washington, Tel. 525-6399), wo eigenes Bier ausgeschenkt wird.

Sehenswürdigkeiten: In Springfield und Umgebung dreht sich alles um Abraham Lincoln, ehemaliger US-Präsident. Lincoln Home, das aufwendig restaurierte Wohnhaus der Lincolns, steht mitten in der Stadt (Eighth/Jackson Street, Tel. 492-4241, tgl. 8.30–17 Uhr). In den Lincoln-Herndon Law Offices (Sixth/Adams Street, Tel. 785-7289, tgl. 9–17 Uhr im Sommer, bzw. 9–16 Uhr im Winter) praktizierte Rechtsanwalt Lincoln von 1843 bis 1853. Vor dem heute so genannten Lincoln Depot (Tenth/Monroe Street, Tel. 544-8695, tgl. 10–16 Uhr) hielt Lincoln seine berühmte Abschiedsrede. Lincoln's **New Salem** (Route 97, 20 Meilen nordwestlich von Springfield, tgl. 9–17 Uhr im Sommer, 8–16 Uhr im Winter, Tel. 632-4000) heißt der originalgetreue Nachbau des Dorfes, in dem Lincoln von 1831 bis 1837 lebte. Die Mitarbeiter dieses Freilichtmuseums tragen historische Trachten und demonstrieren alte Handwerkskunst. Im Old State Capitol (Downtown Mall, tgl. 9–17 Uhr im Sommer, 9–16 Uhr im Winter, Tel. 785-7961) reifte Abraham Lincoln zum Staatsmann heran. Seit 1877 dient den Staatsgeschäften das neue Illinois State Capitol (Second/Capitol Street, Mo–Fr 8–16 Uhr, Sa, So 9–15 Uhr, Tel. 782-2099). Lincoln Tomb (Oak Ridge Cemetery, tgl. 9–17 Uhr im Sommer, 9–16 Uhr im Winter, Tel. 782-2717) besteht aus der Grabstätte des Präsidenten und zahlreichen Statuen. Dana Thomas House, das interessanteste Wohnhaus des legendären Architekten Frank Lloyd Wright, ist zu besichtigen (301 East Lawrence Street, Mi–So 9–16 Uhr, Tel. 782-6776). Pflichtstopp für Route-66-Fans: Shea's Gas Station Museum (2075 Peoiria Road, Tel. 522-0475).

Shopping: Die White Oaks Mall ist das größte überdachte Einkaufszentrum in Illinois. Route-66-Souvenirs gibt es bei Shea's Gas Station Museum (siehe oben).

Ausflüge: **Mt. Pulaski** liegt 40 Meilen nordöstlich von Springfield an der Route 54. Das Statehouse (Downtown Square, im Sommer Di–Sa 12–17 Uhr, im Winter 12–16 Uhr, Tel. 732-8930) gehörte zu den Gerichtsgebäuden, in denen Abraham Lincoln arbeitete. **Arcola, Arthur** und **Tuscola**, malerische Kleinstädte rd. 100 km östlich, liegen im Amish Country. Die Amish People leben wie im 19. Jahrhundert. In **Lincoln**, 41 Meilen nordöstlich von Springfield, steht mit dem Postville Courthouse (914 Fifth Street, Fr, Sa 12–17 Uhr, Tel. 732-8930) eine originalgetreue Nachbildung des historischen Gerichtsgebäudes. Im Lincoln College and Museum (300 Keokuk Street, Mo–Fr 9–16 Uhr, Sa, So 13–16 Uhr, Tel. 732-3155) sind zahlreiche Erinnerungsstücke aus der Lincoln-Zeit sowie Manuskripte und Dokumente von ihm ausgestellt.

Information: Springfield Illinois Convention & Visitors Bureau, 109 N Seventh St., Springfield, IL 62701, Tel. 789-2360, Fax 544-8711, www.springfield.il.us/visit.

Empfehlenswert ist die deftige Hausmannskost in »Ann Badash's Restaurant« in Alton

Großartige Shows in der tiefsten Provinz

Fotos: Abends erst durchs Hauptstraßengewühl von Branson – und dann in die Show von Jennifer Wilson.

Branson ist mit den großen Shows und der Country-Music-Szene die bunte Perle im sonst eher provinziellen Einerlei der Städte, von dem natürlich die Hauptstadt St. Louis ausgenommen ist. Die reizvolle Landschaft links und rechts der Route 66 verleitet zu Ausflügen – beispielsweise in die schönen Ozark Mountains.

Silver Dollar City – außer Spaß und Spiel gibt es auch handbemalte Souvenirs

Stimmgewaltig tönt es durch den Saal: »Ladies and Gentlemen, and here is Jim Stafford!« Der erfolgreiche Komiker erscheint auf der Bühne, begleitet von einem Chor tanzender Plüschhühner, und singt einen seiner großen Hits. Sein bunter Anzug glitzert im Scheinwerferlicht. Tosender Beifall, als er sein »Spiders and Snakes« anstimmt, mit leuchtenden Schlangen tanzt und ein silbernes Flugobjekt über dem Publikum schweben lässt.

Gitarren und Geigen, glitzernde Kostüme und buntes Licht, Hillbilly-Humor, Country Music, wirbelnde Tänze und erstaunliche Special Effects – Showtime in Branson, Missouri. So heißt das neue Mekka der amerikanischen Country Music. Die kleine Stadt in den Ozark Mountains, vor einigen Jahren noch ein unscheinbares Nest, ist zu »America's Biggest Little

Jahrmarkt und Museumsdorf: Kostümierte und Kinder spielen in Silver Dollar City

Town« und der Welthauptstadt im »Live Entertainment« geworden. Nicht mal in New York oder New Orleans wird so viel Live-Musik geboten.

In über vierzig Theatern steht Country Music auf dem Programm, brennen betagte Stars wie Mel Tillis und Moe Bandy und hungrige Newcomer wie Pierce Arrow und Jennifer Wilson ein wahres Show-Feuerwerk ab. Mit aufwendigen Konzerten, musikalischen Zeitreisen in die fünfziger Jahre, ländlicher Comedy und farbenprächtigen Revuen im Las-Vegas-Stil hat Branson dem eher beschaulichen Nashville, Tennessee, das Wasser abgegraben. Selbst legendäre Stars wie Tim McGraw, Willie Nelson und Reba McEntire treten gerne in der Stadt am malerischen Lake Taneycomo auf.

Das Meer ist weit ... Ferien im »Chateau on the Lake«, nämlich dem Table Rock Lake

Riesig ist die Auswahl an Theatern und Shows

Wie Perlen an einer langen Schnur liegen die Theater am »Strip«. Wenn es dunkel wird und flackernde Neonlichter die Nacht erhellen, erinnert die Hauptstraße tatsächlich an die berühmte Straße in Las Vegas, wälzen sich endlose Autoschlangen über den Highway 76. Die »Baldknobbers«, eine fröhliche Hillbilly-Familie mit Musikern und Comedians, sind schon seit 1959 in Branson und zogen neun Jahre später an den Strip um. Wenig später folgten die Presleys, die mit ihrer hausgemachten Mountain Music an die Hillbilly-Shows der fünfziger Jahre erinnern.

1983 eröffnete Roy Clark sein »Celebrity Theatre«, das erste Theater eines berühmten Künstlers, der die einträgliche Saison in Branson dem Leben »on the road« vorzog. Ihm folgten Stars wie Mel Tillis, Mickey Gilley, Moe Bandy und der inzwischen leider verstorbene Boxcar Willie. Andy Williams brachte einen Hauch von Broadway nach Branson. Zur besonderen Attraktion wurde die farbenprächtige Revue des japanischen Fiddlers Shoji Tabuchi. Seine Show hat inzwischen Kultcharakter. Sie lässt freilich auch nichts aus, was das Herz des Zuschauers mit Schmalz und Schmus zum Schmelzen bringt.

Rückständig in jeder Hinsicht: die malerischen Ozark Mountains

Branson, also »America's Biggest Little Town«, wurde schon 1907 bekannt, als Harold Bell Wright seinen religiös angehauchten Roman »The Shepherd of the Hills« herausbrachte, eines der meistgelesenen Bücher in den USA. Der Schauplatz, die malerischen Ozark Mountains, wurde zum Touristenziel, und Branson etablierte sich als kommerzielles Zentrum dieser Völkerwanderung. Das Stück wird heute noch in den Bergen aufgeführt. Der Abstecher in die Ozark Mountains ist eine Reise in die Vergangenheit, zu den eigenwilligen »Hillbillys«, für die die Route 66 zu viel Hektik und Fortschritt brachte.

Abseits von Branson oder Springfield, Missouri, strahlt die Landschaft eine ungewohnte Ruhe aus, liegen winzige Dörfer wie Farbtupfer in den lichten Laubwäldern. Ein Farmer transportiert seinen selbst gebrannten Whisky wie in den Zeiten der Prohibition, auf der Veranda eines Farmhauses musizieren ein alter und ein junger Mann mit Banjo und Fiedel, und in einem verschlafenen Flecken blickt man misstrauisch dem Wagen mit Touristen nach.

Branson-Business: Autogramme von den Presleys nach der Show

Der japanische Fiddler Shoji Tabuchi gehört hier zu den großen Stars

Weiß, konservativ, prüde und viel zu alt – das sind nur einige der wenig schmeichelhaften Attribute, mit denen das Show-Publikum von Branson vielerorts durch den Kakao gezogen wird. Deshalb werden in Branson verstärkt Anstrengungen unternommen, Familien in die Stadt zu locken und zu unterhalten – mit humorvollen Nachmittagsshows und kleinen Vergnügungsparks. Den Hillbillys kann es recht sein ...

Die Welt der Ozarks in kompakter Form gibt es in »Silver Dollar City« zu bewundern, einer einmaligen Mischung aus Vergnügungspark und Freilichtmuseum. Abseits der Achterbahnen und Karussells zeigen Handwerker in historischen Kostümen, wie Schmiede, Kerzenmacher, Schreiner und Waffenschmiede gearbeitet haben.

Doch zurück zur Route 66. In Missouri beginnt sie auf einer Brücke – hoch über den lehmigen Fluten des Mississippi.

St. Louis: Angebote in der Union Station

Man hat vor sich die Skyline von St. Louis und vor allem den eindrucksvollen Gateway Arch, das höchste Denkmal der USA: Über 200 Meter ragt der stählerne Bogen am Ufer empor.

St. Louis' Gateway Arch: Symbol für das Tor nach Westen

Das Wahrzeichen der Stadt wurde bereits im Jahr 1947 ersonnen, als der finnische Architekt Eero Saarinen mit seinem ungewöhnlichen Vorschlag für einen stählernen Bogen einen Wettbewerb gewann. Mit dem Bau wurde knappe zwanzig Jahre später begonnen. Zwei Stahlbaufirmen, die McDonald Construction Company und die Pittsburgh-Des Moines-Steel-Company, wurden mit der Konstruktion beauftragt. Riesige Kräne zogen die schweren Bauteile vom Boden hoch, und mutige Arbeiter verschraubten sie in luftiger Höhe. Zwei stählerne Nadeln wuchsen am Ufer empor und trafen sich am 28. Oktober 1965 – zum Erstaunen der Menschen, von denen manche bereits darauf gewettet hatten, dass man aneinander vorbei bauen würde. Der Bogen symbolisiert das Tor zum Westen, das die Stadt schon zu Beginn des 19. Jahrhunderts war, als die ersten Pfadfinder und Pelztierjäger in den unbekannten Westen aufbrachen.

Mit dem Gateway Arch entstand eines der außergewöhnlichsten Bauwerke der Erde. Ein seltsam anmutendes, aber praktisches Kabinensystem bringt die Besucher im Inneren des Bogens zur Aussichtsplattform empor, wo sie durch schmale Fensterschlitze auf die Stadt, den Fluss und bei schönem Wetter bis weit nach Kansas blicken können.

St. Louis wurde 1764 von Pierre Laclede Liguest und französischen Pelzhändlern gegründet. Die Stadt wuchs zu einem bedeutenden Handelszentrum heran und spielte wegen ihrer strategisch günstigen Lage am Mississippi River eine bedeutende Rolle im Bürgerkrieg und während der »Westward Expansion«, der Besiedlung des amerikanischen Westens. Die französische Vorherrschaft seit der Gründung von St. Louis endete nach dem »Louisiana Purchase« (1803), als Thomas Jefferson das riesige Territorium für einen Spottpreis von Frankreich kaufte und dem amerikanischen Staatenbund einverleibte.

Meriwether Lewis und William Clark führten eine Expedition nach Westen und erkundeten das Land westlich des Mississippi. Ihre Berichte vom unermesslichen Reichtum des Indianerlandes spornten das Interesse der Unternehmer an, westlich von St. Louis nach neuen Einnahmequellen zu suchen. Im frühen 19. Jahrhundert, als die Könige des lukrativen Pelzhandels in der Stadt residierten und unzählige Mountain Men wertvolle Pelze vieler Tierarten aus den Rocky Mountains brachten, wurden Millionen in den Kontoren der großen Handelsgesellschaften umgesetzt.

Reichtümer des Indianerlandes ließen die Stadt aufblühen

Die Vorrangstellung der rasch wachsenden Metropole wuchs. St. Louis wurde zum Ausgangspunkt von endlosen Wagenzügen und zum Umschlagplatz für die Reichtümer des amerikanischen Westens. Irische und deutsche Einwanderer kamen in die Stadt und gründeten Fabriken. Selbst ein Großfeuer bremste das Wachstum nicht. Vor dem amerikanischen Bürgerkrieg (1861/65) legten riesige Schaufelraddampfer »down at the levee« an, und ein Heer von Arbeitern verlud die wertvolle Baumwolle. Die Eisenbahn brachte neue Geschäfte in die Stadt. Ein profitables Treiben herrschte in der Metropole am »Ol' Man River«.

Von der Spitze des Gateway Arch schaut man auf das Old Courthouse und die Innenstadt

Am besten ist die bewegte Geschichte der Stadt und ihre Bedeutung während der Völkerwanderung nach Westen im Museum of Westward Expansion dokumentiert, das zum »Jefferson National Expansion Memorial« gehört und sich unterhalb des Bogens ausbreitet. Historische Fotos und Zitate bringen die original Planwagen, Postkutschen und andere Ausstellungsstücke aus der Zeit des Wilden Westens in einen geschichtlichen Zusammenhang. Beim Anblick der zerlumpten Gestalten und armseligen Behausungen wird deutlich, wie mühselig die Eroberung des amerikanischen Westens war und wie wenig die bunten Bilder aus den Westernfilmen damit zu tun haben. Ein romantisches, aber naturgetreues Bild der Landschaften liefern die Gemälde des deutschen Malers Charles Wimar, die im gewaltigen Kuppelbau des historischen Old Courthouse die Wände schmücken. Während der Führung erfährt man von dem Sklaven Dred Scott, der 1847 versuchte, seine Freiheit auf gerichtlichem Wege einzuklagen, und in einem dramatischen Schauprozess kein Recht bekam.

Auch in St. Louis liegt mit der »President« ein Casinoboot

Old Courthouse Nur zum 4. Juli so bunt: Civil Court Building (unten)

Er soll einst der größte Bahnhof der Welt gewesen sein: Union Station in St. Louis. Manche erinnert er äußerlich ein wenig an Neuschwanstein. Innen hat sich – nachdem 1978 der letzte Zug hier hielt – fast alles geändert. Die Union Station ist jetzt ein Treffpunkt erster Klasse: Nach langwierigen Umbauarbeiten gibt es hier Hotels, Restaurants und Imbisse, Shops und einen kleinen See, auf dem man Boot fahren kann. Besonders schön ist die Grand Hall mit ihrem üppigen Dekor aus Marmor, mit Mosaiken, Gold und bleiverglasten Fenstern.

St. Louis ist längst zu einer modernen Industriestadt herangewachsen. Riesige Fabriken und Kohlebergwerke säumen den Mississippi, und die einzigen Schaufelraddampfer sind fest am Ufer vertäut und wurden in schwimmende Spielcasinos umgewandelt. Nur im restaurierten Laclede's Landing ist das goldene Zeitalter der Dampfschiffe noch lebendig. Historische Backsteinhäuser mit schmiedeeisernen Balkonen säumen das Kopfsteinpflaster in dem historischen Viertel. In den ehemaligen Lagerhäusern sind Restaurants und Nachtclubs untergebracht.

Viktorianische Häuser aus der Gründerzeit, weniger herausgeputzt und kommerziell, stehen an dem Lafayette Square. Der Stadtteil Soulard, nach einem französischen Vermesser des spanischen Königs benannt, steht für Backsteinhäuser aus dem 19. Jahrhundert und

Postamt am Devil's Elbow bei Rolla

Soulard Market, der bereits vor über 200 Jahren abgehalten wurde und mit frischem Obst und Gemüse, Backwaren, Gewürzen und Kunsthandwerk zu einer Attraktion wurde. Italienisches Ambiente überwiegt in The Hill, das tatsächlich auf einem Hügel liegt und vor allem kulinarisch einiges zu bieten hat: Nirgendwo gibt es eine bessere Pasta.

Eiscreme bei »Ted Drewes« – für Fans ein Muss

Die italienischen Einwanderer kamen im frühen 20. Jahrhundert. Sie waren sesshafter als die vielen Amerikaner, die in den späten zwanziger Jahren dem Lockruf der Route 66 nach Westen folgten. Nicht einmal »Ted Drewes' Frozen Custard« konnte sie locken. Die amerikanische Eisdiele, eine Institution seit den frühen 1930er-Jahren an der historischen Straße, liegt außerhalb der Innenstadt und wurde zu einem festen Anlaufpunkt für Route-66-Fans. Ohne einen »Concrete« (»Beton«), einen Milchshake, der so dick ist, dass man ihn auf den Kopf stellen kann, oder einen »Custard« (eigentlich: »Vanillesoße«), das ist mit Honig und Eiern angereicherte Eiscreme, fährt niemand aus St. Louis hinaus. Viel gibt es auf den ersten Meilen sowieso nicht zu sehen. Erst die aufdringlichen Werbetafeln zwischen den Bäumen künden von einer Attraktion, die schon in den vierziger Jahren zahlreiche Autofahrer von der Straße lockte.

Die Meramec Caverns gehören zu den größten Tropfsteinhöhlen der USA – aber die »größte Show unter der Erde«, wie es überall steht, sind sie nicht. Ihre Popularität haben sie einem gewitzten Farmer zu verdanken, der sie zur Blütezeit der Route 66 vermarktete und die Leute glauben machte, der berüchtigte Jesse James und seine Bande hätten sich hier vor dem Sheriff versteckt. Tatsächlich wurden zwei verrostete Revolver und eine leere Geldkiste in der Höhle gefunden, aber wer kann schon sagen, wem diese Gegenstände wirklich gehörten?

Im Museum of Transportation bei St. Louis stehen Dampf- und Diesellok für immer still

Fundgrube für Route-66-Fans ist der Nostalgia Shop in Rolla mit Souvenirs aller Art

Eine Augenweide: »Uptown Cafe Diner« in Branson

Auch heute wird das Geschäft mit dieser Legende angekurbelt. Die kitschige Ausleuchtung der Höhlenräume und die melodramatische Musik während der Führung sorgen für eine zusätzliche Dramatik, die Amerikaner sogar für Hochzeiten und Taufen goutieren.

»Recht und Ordnung« nach Hinterwäldler-Art

In Springfield (aus dieser Stadt stammt die Filmschauspielerin Kathleen Turner) zweigt der Highway nach Branson ab, aber auch entlang der Route 66 zeigt das Land ein anderes Gesicht. Die sanften Hügel der Ozark Mountains erstrecken sich bis zum dunstigen Horizont, klare Seen reflektieren das Sonnenlicht. Jenseits der Felder sind einsame Farmen zu sehen. Hier sind die Ozarks nicht so touristisch wie in Branson, wachen die einheimischen Hillbillys darüber, dass die Straße ihnen nicht zu nahe kommt. Schon vor Jahrzehnten waren sie froh, wenn die Autofahrer getankt hatten und endlich weiterfuhren.

Man hat von rechtsradikalen Geheimbünden gehört, die in den Ozarks zu Hause sein sollen, aber die Leute, die man darauf anspricht, geben sich entrüstet: »Nein, nicht hier, nicht bei uns.« Das kann man glauben oder nicht ...

Die betenden Hände von Webb City künden von der Gottesfurcht bodenständiger Farmer und Bergarbeiter, die immer noch in dieser Gegend wohnen. Obwohl das alles schon lange her ist, erzählt man sich noch heute, dass Belle Starr und Anne Baxter, zwei berüchtigte Banditenköniginnen des Wilden Westens, in dieser Gegend ihr Unwesen getrieben haben sollen.

Man sollte die Stadt wenig südlich des Zusammenflusses von Missouri und Mississippi nicht unterschätzen: Schon zu Zeiten des Wilden Westens, nämlich 1818, bekam sie eine Universität. Die ist damit die älteste Hochschule westlich des Mississippi. Auch die Industrie hielt früh Einzug – in den Fabriken wurden beispielsweise Dampfkessel für Lokomotiven gebaut. Heute haben einige der 500 größten US-Firmen in St. Louis ihren Hauptsitz, so etwa Anheuser-Busch, die größte Brauerei des Landes, und McDonnell Douglas, der Flugzeugbauer.

Springfields Shrine Mosque – außen ganz Moschee – ist innen zur Sporthalle umgebaut

Branson

Karte: Seite 111/112, Planquadrat D 6.

Anreise: Branson liegt rd. 40 Meilen südlich von Springfield, Missouri, und der Interstate 44 und ist über den Highway 65 rasch erreichbar. Springfield Airport wird von kleinen Maschinen der American Eagle, United Express und anderer Linien angeflogen.

Unterkunft: Mitten im Trubel liegt das brandneue, geräumige »Grand Victorian« (23245 West Highway 76, Tel. 336-2935, Fax). Gemütliche Zimmer und eine große Schwimmhalle mit Whirlpool bietet »Mountain Music Inn« (300 Schaefer Drive, Tel. 335-6625, Fax 335-8465). Im Entertainment District liegt auch der biedere, aber preiswerte »Best Western Center Pointe Inn« (3215 West Highway 76, Tel. 334-1894). Mini-Suites in einer viktorianisch angehauchten Villa findet man im »Gazebo Inn« (Tel. 1-800-873-7990 – nur in den USA, Fax 417-335-3889). – **Außerhalb:** Das luxuriöse »Chateau on the Lake« thront hoch über dem Table Rock Lake (415 North State Highway 265, Tel. 417-3341-161, Fax 417-3395-566, www.vienna.bowling@)jgh.com). Stolz auf Sonnenterrasse und beheizten Pool ist man auch in der »Lodge of the Ozarks« (3431 W. Highway 76, Tel. 1-888-353-3501 – nur in den USA, Fax 417/334-6861).

Restaurants: Branson ist eine Fast-Food- und Büffet-Stadt ohne kulinarische Höhepunkte. Ausnahme: Es gibt texanische Riesensteaks bei »Mequite Charlie's Steaks« (2849 Gretna Road, Tel. 334-0598) und Tex-Mex-Gerichte in »Gilley's Texas Cafe« (Mickey Gilley Theater, West Highway 76, Tel. 335-2755).

Sehenswürdigkeiten: **Silver Dollar City** (HC1, Box 791, tgl. April–Dez., Tel. 338-2611) ist eine Mischung aus Vergnügungspark und Freilichtmuseum. In einem historischen Zug der **Branson Scenic Railway** (206 East Main Street, Tel. 1-800-2TRAIN2 – nur in den USA) fährt man durch die Ozarks Mountains. Die westl. gelegenen Seen Taneycomo und Table Rock Lake sind für ihren Fischreichtum bekannt.

Shows: Es gibt über 40 Theater, die meist nur im Sommer (Mai–Sept.) und während der Adventszeit geöffnet haben. Aufgeführt werden Country Music und Hillbilly Shows, Konzerte bekannter Country-Künstler und Tournee-Gastspiele wie »Lord of the Dance« und »Holiday on Ice«. Genauer Spielplan bei Info-Adresse oder im Internet. Empfehlenswert sind die Jim Stafford Show im gleichnamigen Theater (3440 Jim Stafford Theatre, Tel. 335-8080) sowie die Jennifer Show in Jennifer's Americana Theatre (2905 West Highway 76, Tel. 1-888-4-JENNIFER – nur in den USA), die Mel Tillis Show im Mel Tillis Theatre (2547 State Highway 248, Tel. 417/335-6635), Presley's Country Jubilee (2920 76 Country Boulevard, Tel. 334-4874) und 76 Country USA in der 76 Music Hall (1945 West Highway 76, Tel. 335-2484). Das absolute Highlight: Die Shoji Tabuchi Family Show im Shoji Tabuchi Theater (3260 Shepherd of the Hills Expressway, Tel. 334-7469, Internet: www.shoji.com).

Shopping: Souvenirs (und viel Ramsch) findet man im Grand Country Market (1945 West 76 Country Boulevard, Tel. 334-3919). Preiswerte Markenware direkt ab Fabrik gibt es im Tanger Outlet Center (300 Tanger Blv., Tel. 407-2762).

Information: Branson Lakes Area Chamber of Commerce, P. O. Box 1897, Branson, MO 65615, Tel. 334-4084, Fax 334-4139, www.bransonchamber.com.

REISE-INFO *MISSOURI*

St. Louis

Karte: Seite 112/113, Planquadrat C 8.

Anreise: Der Lambert–St. Louis Airport liegt außerhalb der Stadt und wird von zehn großen US-Airlines angeflogen. Mit der Metro-Link-Straßenbahn ist man schnell in der Innenstadt. Die Überlandbusse von Greyhound (1450 North 13th Street) sind sehr preiswert, die Züge von Amtrak (16th Street Station) relativ teuer.

Rosati bietet Wein für Route-66-Fans

Unterkunft: In der früheren Börse für den Pelzhandel, Fur Exchange, und zwei anderen historischen Gebäuden ist das elegante »Drury Plaza Hotel« untergebracht (14 South Fourth Street, Tel. 314/231-3003, Fax 231-2952, www.druryinn.com). Die Eleganz des frühen 20. Jahrhunderts findet man im »Mayfair« (806 St. Charles Street, Tel. 421-2500, Fax 421-6245). Im Touristenmagneten Union Station etablierte sich das luxuriöse »Hyatt Regency« (1 St. Louis Union Station, Tel. 231-1234, Fax 923-3970, www.stlouis.hyatt.com/stlou/index.html/). Preiswerte Mini-Suites bietet »Embassy Suites« im historischen Laclede's Landing (901 North First Street, Tel. Fax 241-6513). Gegenüber vom Gateway Arch liegt der Turmbau des »Regal Riverfront« Hotels; von den meisten Zimmern blickt man über den Mississippi (200 South Fourth Street, Tel. 241-9500, Fax 241-9977). Einfach, aber preiswert sind die Zimmer im »Red Roof Inn« (5823 Wilson Avenue, Tel. 645-0101, Fax 645-0119).

Restaurants: Riesige Steaks mit ausgezeichneten Baked Potatoes gibt es im renommierten »St. Louis Steakhouse« (101 South Eleventh Street, Tel. 314/241-1121). Mehrfach zum besten italienischen Restaurant der USA wurde »Tony's Restaurant« gewählt (410 Market Street, Tel. 231-7007). Etwas preiswerter ist die Pasta im »Cunetto House of Pasta« (5453 Magnolia Avenue, Tel. 781-1135). Amerikanische Kost überwiegt bei »Dominic's« (5101 Wilson Avenue, Tel. 771-1632). Der beste Italiener im Italo-Viertel The Hill ist »Favazza's« (5201 Southwest Avenue, Tel. 772-4454), hier werden riesige Pasta-Portionen serviert. Laut und trendy und von grellen Neonlichtern erhellt ist der Fast-Food-Tempel »Blueberry Hill« (6504 Delmar Boulevard, Tel. 727-0880). Feinkostladen und europäisch anmutendes Restaurant in einem ist »Brandt's Market & Cafe« (6525 Delmar Boulevard, Tel. 727-3663). Seit 1947 eine Institution in St. Louis ist Fitz's Root Beer, zu bekommen bei Fitz's (6605 Delmar Boulevard, Tel. 726-9555). Route-66- und Eiscreme-Fans schwören auf die Milchshakes in »Ted Drewes Frozen Custard« (6726 Chippewa Street, Tel. 481-2652).

Nachtleben: In »Lafitte's Restaurant & Nightclub« (809 North Second Street, Tel. 241-5722) wird Jazz und Dixieland gespielt. Das »Trainwreck on The Landing« (720 North First Street, Tel. 436-1006) ist Restaurant, Musikclub und Sportsbar in einem. Beide Clubs liegen in Laclede's Landing. St. Louis' bekanntes Symphonieorchester spielt in der Powell Hall, einem restaurierten Kino von 1920 (Ticket-Info Tel. 533-6888).

Ein typisches Provinz-Heimatmuseum zeigt gern (Pionier-)Geschichte, hier in Carthage

Sehenswürdigkeiten: Gateway Arch (im Sommer tgl. 8–22 Uhr, im Winter tgl. 9–18 Uhr) Tel. 877-982-1410), weithin sichtbares Wahrzeichen der Stadt und Symbol für das Tor zum Westen, ist Teil des Jefferson National Expansion Memorial (St. Louis Riverfront, Tel. 314/231-5474, www.stlouisarch.com), zu dem das Museum of Westward Expansion ebenfalls gehört (tgl. 9–18 Uhr, Tel. 425-4465); ein sehr übersichtliches Museum über die Eroberung des amerikanischen Westens. Auch das Old Courthouse gehört dazu (tgl. 8–16.30 Uhr, Tel. 655-1600), das alte Gerichtsgebäude der Stadt. Im Lewis & Clark Center (701 Riverside Drive, Tel. 636/ 947-3199) ist die Expedition der Entdecker dokumentiert. Achterbahnen und anderen Nervenkitzel findet man im »Six Flags St. Louis« (I-44, Exit 261, südwestl. von St. Louis, tgl. bis Sonnenuntergang geöffnet, Tel. 636/938-4800, www.sixflags.com). Die von Deutschen gegründete Anheuser-Busch Brewery (I-55/Arsenal Street, Mo–Sa 9–16 Uhr, Tel. 577-2626), die größte Brauerei der Welt, bietet interessante Führungen. Im Laumeier Sculpture Park (12580 Rott Road, Di–Sa 10–17, So 12–17 Uhr, Tel. 314-821-1209) sind moderne Plastiken ausgestellt. Im Missouri History Museum (Forest Park, tgl. 10–18, Di bis 20 Uhr, Tel. 746-4599) sind die Geschichte der Stadt, ihre Musik und Charles Lindbergh die Themen. Historische Eisenbahnen, Straßenbahnen und Automobile stehen im vorbildlichen Museum of Transportation (in DesPeres, I-270 und I-44, 3015 Barrett Station, tgl. 9–17 Uhr, Tel. 965-7998). Der St. Louis Zoo (Forest Park, tgl. 9–17, Di bis 20 Uhr, Tel. 781-0900) gehört zu berühmten Tierparks. Um Geld gespielt wird in den Gambling Boats auf dem Mississippi (Riverfront, tgl. 8–4 Uhr, Tel. 622-3000).

Shopping: Einst ein geschäftiger Bahnhof, heute ein stimmungsvolles Einkaufszentrum mit über hundert Läden: St. Louis Union Station (Market Street zwischen 18th und 20th Street, Tel. 421-6655). Weitere Malls in der Stadt wie außerhalb. Seinen eigenen Teddybär kann man im Build-A-Bear Workshop bauen (St. Louis Galleria, Tel. 725-8282).

Seit vielen Jahrzehnten eine Attraktion: die farbig beleuchteten Meramec Caverns

Ausflüge: Ungefähr eine Stunde über die Interstate 44 nach Westen zu den **Meramec Caverns** (I-44, Exit 230, tgl. 8.30–16 Uhr, Tel. 1-800-676-6105 – nur in den USA), farbenprächtigen Tropfsteinhöhlen. Eine Brücke aus der goldenen Zeit der Route 66 und ein kleines Museum findet man im **Route 66 State Park** (I-44, Lewis Road, Exit 266, tgl. 8–17 Uhr, Tel. 636/938-7198. Von St. Louis nach **Springfield** (hier ist die ehem. Moschee eine alte Route-66-Sehenswürdigkeit) sind es rund 210 Meilen; etwa auf halbem Weg liegt **Rolla** und kurz davor das Weingebiet Rosati.

Information: St. Louis Convention & Visitors Commission, One Metropolitan Square, Suite 100, St. Louis, MO 63102, Tel. 314/421-1023, Fax 421-0394, www.st-louis-cvc.com.

Durch das Land der Indianer und Cowboys

Gr. Foto: In Oklahoma City gedenkt man der Indianer mit »End of the Trail«. Kl. Foto: Bei Anadarko liegt »Indian City«.

Indianerstaat, »Native American State«, wurde Oklahoma durch gewaltsame Umsiedlungsaktionen der Indianer aus fruchtbareren Regionen. Doch auch hier blieb ihnen das Land nicht erhalten. Tulsa und Oklahoma City liegen an der Strecke – und vor allem viel weites Land mit riesigen Rinder-Ranches. Hier sind die Cowboys meist noch zu Pferde unterwegs.

Der Staat Oklahoma hat es mit den Indianern: Auf jedem zweiten Plakat wirbt ein markanter Indianerkopf mit Federhaube für Lebensmittel, Süßigkeiten und Tabak. Die Trading Posts und »Curio Shops« am Straßenrand sind mit Holzgewehren, Plastik-Tomahawks und anderem Ramsch gefüllt. Kuriosestes

Tulsas »Golden Driller« erinnert an den Ölboom

Beispiel für die Ausbeutung des indianischen Erbes: der größte Totempfahl der Welt, ein dreißig Meter hohes »Kunstwerk« im Totem Pole Park von Foyil, einem winzigen Dorf abseits der Route 66, etwa 30 Meilen vor Tulsa.

»Hun'day o'day bah'tsahn«, grüßen die Kiowa-Indianer in Anadarko, der selbst ernannten »Indian Capitol of the Nation« südwestlich von Oklahoma City. Dort versuchen die Nachfahren der vertriebenen Indianer, das klischeehafte Bild des Reklame-Indianers zu korrigieren. Mit ernsthaften Projekten – wie dem bereits 1947 eröffneten Southern Plains Indian Museum, das authentische Kostüme, Gebrauchsgegenstände und Waffen der Kiowa, Comanche und anderer Stämme zeigt, die noch im 19. Jahrhundert die südlichen Prärien bevölkerten und von der Jagd auf Büffel lebten.

In der nahen Indian City, USA spaziert man durch originalgetreu errichtete Indianerdörfer, und in der National Hall of Fame for Famous American Indians sind die Bronzebüsten bekannter Häuptlinge ausgestellt. Im historischen Fort Sill Museum ist die Geschichte des berüchtigten Gefangenenlagers dokumentiert, in dem legendäre Anführer wie Geronimo ihre letzten Jahre verbrachten.

Vertreibung der Indianer aus ihrer fruchtbaren Heimat

Zum »Native American State« wurde Oklahoma allein durch die Willkür der amerikanischen Regierung. Weil man die fruchtbaren Jagdgründe der Cherokee im Südosten der Vereinigten Staaten als Siedlungsland brauchte, erklärte man die scheinbar wertlose Prärie im heutigen Oklahoma zum »Indian Territory«, das beinahe zu einem eigenen Indianerstaat

Art déco vom Feinsten: Boston Avenue Church

Neon-Paradies: »Metro Diner« in Tulsa

Die »Runde Scheune« in Arcadia, eines der Wahrzeichen an der Route 66

geworden wäre. Statt dessen machte man es zu einem riesigen Reservat für ganze Stämme, die in das neue Indian Territory umgesiedelt wurden. Wer den Film »Cheyenne Autumn« mit Richard Widmark und Carrol Baker gesehen hat, erinnert sich an die armseligen Gestalten, die verzweifelt protestieren, weil sie in ihre Heimat zurückkehren wollen.

Das traurigste Kapitel dieser Umsiedlung war die Vertreibung der »Fünf Zivilisierten Stämme«, der Seminole, Cherokee, Chicasaw, Choctaw und Creek, die sich in den fruchtbaren Ackerbaugebieten des amerikanischen Ostens erfolgreich als Farmer versucht hatten und der Landgier des Weißen Mannes weichen mussten. Ihre verlustreiche Vertreibung nach Oklahoma, die 1838 stattfand, ging als »Trail of Tears« (Weg der Tränen) in die Geschichte ein. Über viertausend Indianer starben auf dem langen Marsch, vor allem Frauen, Kinder und Alte.

Aus dem Norden kamen die Cheyenne, aus dem Südwesten die Apachen. In den trockenen Gebieten des späteren Oklahoma hatten sie keine Chance, ihre eigenständige Kultur zu bewahren.

Für solche (nostalgischen) Anlaufpunkte wird die Route 66 geliebt (unten)

Mit den Ölbaronen zog der Reichtum nach Tulsa, Oklahoma. »Oil Capital of the World« nennt sich die Stadt seit dem Beginn des 20. Jahrhunderts. Als künstlerischen Kontrast zu den schmutzigen Ölfeldern setzten die Ölbosse gern Bauwerke, die sie mit den markanten Ornamenten des Art déco verschönern ließen. Diese in den USA weit verbreitete Stilrichtung dominiert zwischen 1925 und 1935 und ging aus dem späten Jugendstil hervor. Statt dessen üppig ornamentaler Formen gibt es ebenso vom Kubismus und Futurismus beeinflusste Dekorationen. Außerdem kann man in Tulsa noch die Kunstsammlungen mancher Ölbarone wie Thomas Gilcrease bewundern.

Aber selbst dieser Lebensraum wurde ihnen genommen. Am 22. April 1889 ertönte der Startschuss zur abenteuerlichsten Landnahme im Wilden Westen. Über 50 000 landhungrige Siedler wetteiferten um die besten Parzellen des freigegebenen Abschnitts. Vier Jahre später, beim »Land Rush« auf das Cherokee Outlet, waren es doppelt so viele. Die Armee wachte darüber, dass die Regeln dieses Wettlaufes genau eingehalten wurden. »Sooners«, die schon vor dem Startschuss nach Westen geschlichen waren, wurden schwer bestraft.

Der Beiname »Sooner State« blieb bis heute an Oklahoma haften, und einige Nachkommen dieser Familien leben immer noch auf geraubtem Land. Die Indianer protestierten vergebens, wurden in Reservationen abgedrängt, ließen sich aber nicht vollständig vertreiben. 39 Indianerstämme mit 252 000 Menschen haben ihre Regierung im ehemaligen Indian Territory.

Erdöl machte reich und ließ Städte entstehen

Die ersten drei Jahrzehnte des 20. Jahrhunderts standen im Zeichen des Erdöls. 1897 errichtete Frank Phillips, der Gründer von Phillips Petroleum, den ersten

Bohrturm bei Bartlesville. Später übernahm er die »66« der Route 66 in sein Logo. Das »Schwarze Gold« löste einen neuen »Land Rush« aus und machte Oklahoma zu einem der reichsten Staaten der USA. Bis 1928 wurde im einstigen Indian Territory das meiste Öl gefördert.

Das Red Fork Oil Field bei der verschlafenen Tulsey Town war am ertragreichsten. Aus den Bretterbuden am Flussufer wurde Tulsa, die »Oil Capital of the World«, eine pulsierende Großstadt, die bis heute von ihrem einstigen Reichtum profitiert. Die Ölbarone hinterließen ansehnliche Jugendstil-Villen. Im Prachthaus von Waite Phillips sind wertvolle Kunstwerke aus der italienischen Renaissance ausgestellt, und Thomas Gilcrease vererbte der Stadt eine eindrucksvolle Sammlung von Gemälden und Ausstellungsstücken aus der Indianerzeit.

Tulsa: auf der Suche nach der alten Route 66

Die Eleventh Street folgt der historischen Route 66 durch die Innenstadt, vorbei an den prunkvollen Villen der Ölbarone und dem Metro Diner, der mit seinen runden Art-déco-Formen und den pastellfarbenen Neonlichtern an die alten Drive-Ins erinnern soll. Die Tankstelle des Route-66-Gründers Cyrus Avery oder die Drive-Ins und Motels der vierziger Jahre wurden längst von gläsernen Wolkenkratzern und Apartmenthäusern verdrängt. Ihren ursprünglichen Charakter hat sich die Route 66 nur außerhalb der großen Städte bewahrt, das gilt besonders für Oklahoma.

Auf den weiten Ebenen schlägt noch das Herz der Straße. Im Schatten der leuchtenden Neonschilder und in den Drive-Ins und Motels am Straßenrand wurde die Legende der Route 66 geboren. In Orten wie Claremore, der Heimat des amerikanischen Varietékünstlers, Cowboystars und Volkshelden Will Rogers, der ein begeisterter Fan der Route 66 war und der Straße zeitweise seinen Namen gab. »Will Rogers Memorial Highway« steht auf einer Tafel am Ende der Route 66 in Santa Monica. Will Rogers kam 1935 bei einem Flugzeugabsturz in Alaska ums Leben.

Die Atmosphäre der Route 66 lässt sich auch in den ländlichen Gebieten des Oklahoma Panhandle erschnuppern, einem Teil der »Dust Bowl«, die 1934 unter einer schweren Trockenheit litt und

Oklahoma City: im Elektroboot durch das Amüsierviertel Bricktown

Von der Galerie ein Blick in den »Dschungel« in Myriad Gardens

Noch heute wird nach den Drahtziehern des gemeinen Anschlags auf das Alfred P. Murrah Federal Builing gefahndet. Der Terroranschlag, am 19. April 1995 in Oklahoma City verübt, kostete 168 Menschen das Leben. Am 19. April 2000 wurde das Oklahoma City National Memorial zur Erinnerung an die Opfer eröffnet, ein Mahnmal, das von dem deutschen Designerbüro Butzer Design Partnership in Münster entworfen wurde.

Unerwartete Fontänen – ein Sommerspaß in Oklahoma Citys Bricktown

Wasserflächen, Mauern, Tore – Mahnmal für das gesprengte Alfred P. Murrah Federal Building

zahlreiche Farmer zwang, über die Route 66 nach Westen zu ziehen, um in Kalifornien ein neues Leben zu beginnen. Während dieser schweren Zeit, die John Steinbeck in »Früchte des Zorns« zu Literatur formte, wurde die legendäre Straße zur »Glory Road«, zur Ruhmesstraße für tapfere Farmer.

Die Eintönigkeit der Landschaft ist die Attraktion

Westlich von Tulsa spätestens beginnt das ländliche Amerika, das in unzähligen Country Songs besungen wurde. Weite Ebenen, die sich bis zum Horizont dehnen, nur unterbrochen von der endlosen Asphaltstraße und den Eisenbahnschienen, die einsam unter einem weiten Himmel liegen. Telegrafendrähte blitzen in der brennenden Sonne. In diesem Teil von Oklahoma hat die Route 66 ihre Bedeutung noch nicht verloren, rattern sogar Trucks über den brüchigen Asphalt. Der kreuzungsfreie Will Rogers Turnpike kostet Gebühren. Hier gibt es keine Nationalparks und Museen, die Eintönigkeit des Landes ist die eigentliche Attraktion, der Weg wird zum Ziel, und die Country Music im Autoradio zur passenden Begleitmusik für die Fahrt.

Oklahoma City: Vor dem Kapitol wird der indianischen Geschichte gedacht

Get your kicks ... Etwa 40 Meilen vor Oklahoma City, in Chandler, lohnt ein Stopp bei P. J.'s BarBQue, einem stimmungsvollen Lokal, in dem die besten Spareribs von Oklahoma serviert werden. Der Besitzer, auch ein Route-66-Fan, sammelt historische Straßenkreuzer und alles, was mit Coca-Cola zu tun hat. Sein Lokal sieht aus wie ein Coca-Cola-Museum. An der Main Street stehen noch einige Häuser von 1897, damals wurde das Dorf von einem schweren Tornado überrascht. Ein Jahr später wurde die runde Scheune von Arcadia gebaut, ein beliebtes Foto-Objekt an der Route 66. Ihre runde Form sollte sie gegen Tornados schützen.

Oklahoma City wuchs während des

Ölbooms zu einer bedeutenden Metropole heran. Während der zwanziger Jahre des 20. Jahrhunderts wurde ein riesiges Ölfeld unter der Stadt entdeckt. Der Bohrturm, der vor dem Kapitol an diese Zeit erinnert, ist immer noch aktiv. Die Skulptur einer stolzen Indianerin soll

Bethny: Erinnerungs-Cadillac vor »Ann's Chicken«

einen Ausgleich schaffen und beschwört die indianische Vergangenheit. Für den Bau des Kapitols wurde ausschließlich Material aus Oklahoma verwendet, darunter Granit aus Tishomingo und Marmor aus Henryetta. Weil es wegen des Ersten Weltkriegs zu einer ernsthaften Verknappung kam, verzichtete man auf die obligatorische Kuppel.

Trotz Wolkenkratzern: Wilder Westen in Oklahoma City

Selbst in der Innenstadt ist der Geist des »Western Heritage« zu spüren. Der Wilde Westen lebt in Oklahoma City, auch wenn die Skyline von modernen Wolkenkratzern gebildet wird und mehrspurige Schnellstraßen um das Zentrum herumführen. Bestes Beispiel dafür ist die National Cowboy Hall of Fame, ein gewaltiger Gebäudekomplex auf dem Persimmon Hill im Nordosten der Stadt. Chester A. Reynolds, ein wohlhabender Geschäftsmann aus Kansas, wollte den Pionieren des amerikanischen Westens mit diesem Museum ein Denkmal setzen. Leider starb er schon 1958, sieben Jahre vor der Realisierung seines Traums. Zur Jahrtausendwende wurde die Museumsfläche verdreifacht und um drei attraktive Ausstellungen bereichert: »Prosperity Junction« ist der Name einer originalgetreu nachgebauten Westernstadt, die mit zahlreichen Spezialeffekten einen nachhaltigen Eindruck vom Leben in einer wilden Grenzstadt vermittelt. Plastische Schaubilder und authentische Ausstellungsstücke in »The American Cowboy Gallery« zeigen die Cowboy-Kultur seit den spanischen Kolonisten bis in die heutige Zeit und machen deutlich, dass der Beruf auch harte Arbeit bedeutete. In der »American Rodeo Gallery« werden die Helden des Rodeos geehrt, im amerikanischen Westen ein Volkssport wie bei uns der Fußball. Seltene Filmszenen und Fotos in der »Western Entertainment Gallery« erinnern an John Wayne und andere Westernhelden.

In den Kunstgalerien der National Cowboy Hall of Fame sind bedeutende Vertreter der Western Art wie Frederic Remington und Charles M. Russell mit ihren bekanntesten Kunstwerken vertreten. In der Eingangshalle steht »The End of the Trail«, die überlebensgroße Skulp-

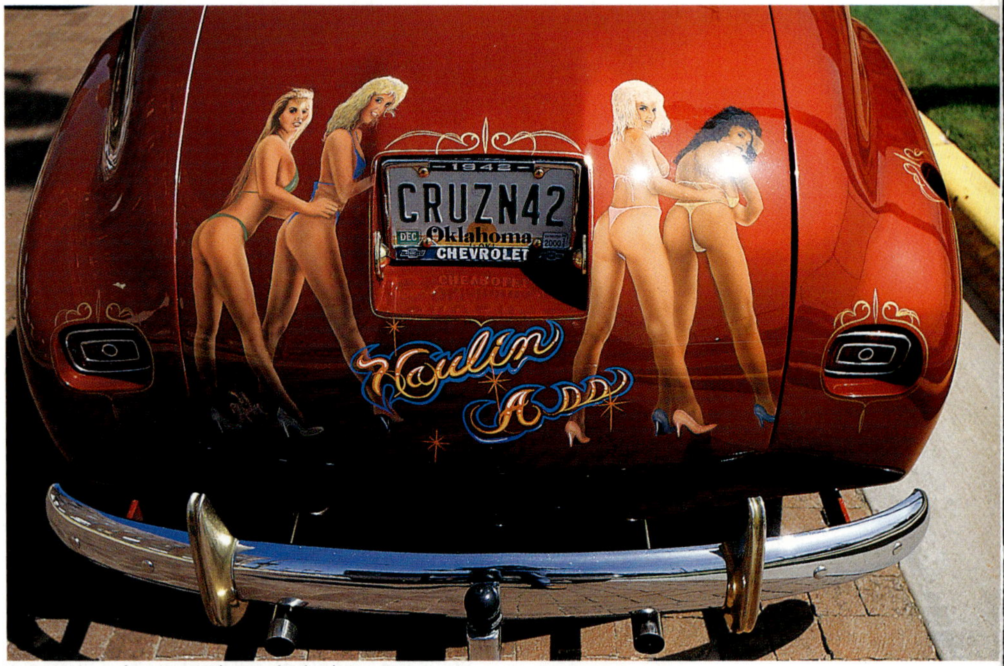

Eigentümer des 42er-Chevy dürfte keine Frau sein ...

Oklahoma City: Bistro in dem Entertainment-Viertel Bricktown

Selbst im prüden Amerika wird mit Sex geworben – und das schon seit über hundert Jahren. Von den Titelseiten der ersten Straßenkarten ebenso wie von Autoprospekten lachten bereits hübsche Blondinen. Und seit Marilyn Monroe und weniger bekannte Schönheiten in aufreizenden Posen an den ebenso kurvenreichen Chevys und Buicks lehnten, gehören hübsche Girls zur Autowerbung wie Mickey Mouse zu Disneyland. Daran konnte auch die Frauenbewegung nichts ändern. Autos, Frauen und Football stehen auch bei den amerikanischen Männern hoch im Kurs, und Blondinen sorgen für einen besseren Verkauf ...

Oklahoma City: »Sonic Drive-In« mit Rollschuh-Bedienung ... ... und easy riding Harley-Fahrer (unten)

tur eines indianischen Kriegers, ein Denkmal für die besiegten Indianer.

Stockyards City liegt außerhalb der Stadt. In dem ehemaligen Viehverladebahnhof von 1910 wurden über hundert Millionen Rinder verladen. Bis 1961, als die meisten Firmen wegzogen und das ehemalige »Packingtown« verfiel, waren die Lagerhäuser, Restaurants, Läden und Corrals ein beliebter Treffpunkt für Rancher, Cowboys, Pferdezüchter und Farmer. Dann verfielen die Gebäude, und erst eine aufwendige Denkmalpflege ließ den alten Glanz wieder aufleben.

Besucher fühlen sich nun in die erste Hälfte des 20. Jahrhunderts zurückversetzt und genießen die Atmosphäre des alten Westens. Jeden Montag und Dienstag werden Auktionen abgehalten, und das Stakkato der »Auctioneers« schallt über die Corrals. In den Shops werden Sättel und Stetsons verkauft, und im »Cattlemen's Cafe«, dem ältesten Restaurant von Oklahoma, das seit 1910 in Stockyards City steht, kommen mächtige Steaks auf den Tisch.

Hier das Entertainment-Viertel, dort ein Monument der Trauer

Im neuen Bricktown blickt Oklahoma City in die Zukunft. Ehemalige Lagerhäuser wurden aufwendig restauriert und in einen Entertainment-Komplex mit Restaurants, Boutiquen und Shops umgewandelt. Ein künstlicher Kanal fließt zwischen den roten Backsteinhäusern.

Wenige Blocks entfernt erinnert ein eindrucksvolles Monument an den schwärzesten Tag in der Geschichte von Oklahoma City: Am 19. April 1995 wurde das Alfred P. Murrah Federal Building von Terroristen in die Luft gesprengt. 168 Menschen starben bei dem Anschlag. Die drei Zeittore des Denkmals symbolisieren die Minuten vor, während und nach dem Anschlag, und 168 leere Glas- und Granitstühle am Ufer eines Sees ehren die Toten des grauenvollen Anschlags. In einem Museum künden die Stimmen vieler Überlebender und Angehöriger von dem Tag.

Die Route 66 führt weiter westlich nach Clinton, zu einem der interessantesten Route-66-Museen an der historischen Straße. Prunkstück des Museums, das die goldene Zeit der Straße in Filmen, Fotos und originalen Ausstellungsstücken erzählt, ist eine rote Corvette aus den fünfziger Jahren. In einem solchen Sportwagen würde man kaum merken, dass die Route 66 auch Texas kreuzt. Gerade mal 180 Meilen ist das Teilstück lang, das durch den schmalen Panhandle im Norden des Staates führt. Hier warten die endlosen Ebenen des Llano Estacado, der viel von seinem Schrecken verloren hat und nur noch abseits der Straßen an Karl May erinnert. »Wenn die Sonne scheint«, sagen die Texaner, »kann man im Panhandle die Erdkrümmung sehen, so flach ist es hier!« Auf der Weiterfahrt nach Amarillo hämmern einem unzählige Werbetafeln ein, auf keinen Fall die Riesensteaks in der

Echtes Cowgirl? Vielleicht erkennt es ein Texaner

»Big Texan Steak Ranch« zu versäumen. Tatsächlich lohnt ein Besuch des legendären Lokals, in dem man ein 72-Unzen-Steak (ungefähr zwei Kilo!) umsonst bekommt, wenn man es innerhalb einer Stunde mit Beilagen und Nachtisch verspeist. Seit 1960 gibt es die schmackhaften Riesensteaks in Amarillo, Texas.

Die größte Ranch der Welt – natürlich in Texas

Amarillo (span. gelb), nach der gelblichen Erde der näheren Umgebung benannt, ist fest in seiner Western-Vergangenheit verankert. 1893 wurden 600 Menschen und 50 000 Rinder innerhalb der Stadtgrenzen (!) gezählt, von Pferden gar nicht zu reden. Die XIT Ranch war die größte Ranch der Welt. Rinderbarone, Büffeljäger, Schafzüchter, Gesetzeshüter, Revolvermänner und Abenteurer bevölkerten die Stadt und prägten ihren Charakter.

Eines der meistfotografierten Denkmäler in den USA: die Cadillac-Ranch bei Amarillo

Unter diesen Pionieren war auch Charles Goodnight, einer der bekanntesten Rinderbarone des Alten Westens, der 1600 Rinder in den nahen Palo Duro Canyon brachte und den legendären Goodnight-Loving Trail erschloss. Über diesen Pfad wurden Tausende von Rindern nach Norden getrieben – bis die Eisenbahn gebaut wurde. Nahe den Tri-State Fairgrounds werden noch immer 300 000 Rinder pro Jahr versteigert. Anfang des 20. Jahrhunderts brachten die riesigen Ölfunde der Umgebung einen neuen Boom nach Amarillo. Seitdem hat sich wenig verändert in der Stadt.

Im Route-66-Museum in Clinton – gleich heult ein Song von Connie Francis aus der Jukebox

Auf vielen Ranches sind Gäste willkommen

Auf den zahlreichen Working Ranches im Panhandle arbeiten die Cowboys nicht viel anders als vor hundert Jahren. Auch Hubschrauber und Jeep haben das Pferd nicht verdrängen können. Im Gegenteil: Man ist stolz auf seine Quarter Horses, die im American Quarter Horse Heritage Center sogar ein eigenes Museum bekommen haben.

Auf den Dude oder Guest Ranches dürfen auch »City Dudes« wie echte Cowboys leben und mit erfahrenen Wranglers über die staubigen Ebenen reiten. Beim Roundup werden die Rinder zusammengetrieben und gebrändet. Ein Schauspiel, das zwei Mal im Jahr stattfindet und den Westen, wie wir ihn aus den Filmen kennen, am Leben erhält.

Viehauktion in Amarillo: Cowboys lenken die Rinder in ihre Pferche

Ein Ausflug führt in den knapp 60 Kilometer entfernten Palo Duro Canyon, eine geheimnisvolle Schlucht mit 350 Meter tiefen Klippen, die seit 1947 unter Naturschutz stehen. Schroffe Felsen erheben sich in den Himmel, und zwischen den Wacholderbäumen am Ufer des Prairie Dog Town Fork herrscht andächtige Stille.

Diese Ruhe wurde nur 1876 gestört, als Colonel Mackenzie und seine Soldaten die aufständischen Comanchen aus ihren Verstecken trieben und alle Pferde der Indianer erschossen. Im September 1995 lagerten die Nachfahren der Comanchen im Palo Duro Canyon, und die US-Kavallerie brachte eine Pferdeherde als Versöhnungsgeschenk, damit der Geist des Pferdes in die Schlucht zurückkehren könne. Einsame Indianerpfade führen tief in den Canyon hinein, vorbei an Felsformationen, die »Leuchtturm« oder »Spanische Röcke« heißen. Dem Wanderer erschließt sich eine unerwartet zauberhafte Welt im Texas Panhandle.

Westlich von Amarillo geht es auf die Route 66 und zurück in die Gegenwart. An der Straße liegt eines der seltsamsten Denkmäler überhaupt: die »Cadillac Ranch«. Zehn Cadillacs, Baujahr 1948 bis 1963, ragen – mit der Kühlerhaube in ein Feld eingegraben – in den Himmel. Die skurrile Idee eines Millionärs und vielleicht das eindrucksvollste Monument der fünfziger Jahre. Eine Verbeugung vor der Route 66, die sich am westlichen Horizont verliert.

Am Lake Meredith, Texas: Karpfen-Angeln aus dem klimatisierten Becken

Cowboys sitzen auch heute noch von morgens bis abends im Sattel. »Rindertreiben mit Hubschraubern und Jeeps? Alles Märchen!«, behauptet ein erfahrener Kuhtreiber. »Das gibt's vielleicht in Australien, aber nicht hier. Im Sattel geht das immer noch am besten. Wir arbeiten mit dem Lasso und dem Brandeisen und treiben die Rinder auf die Weide und in Corrals. Klar, ohne einen Pickup kommen wir nicht aus, aber sonst ist alles wie früher.«

REISE-INFO OKLAHOMA/TEXAS

Karte: Seite 110/11, Planquadrat E 4.

Anreise: Der Will Rogers World Airport liegt einige Meilen südwestlich der Innenstadt und wird von American, Delta, Southwest und anderen US-Linien angeflogen. Bis zum Stadtzentrum sind es ca. 15 Auto-Minuten. Durch die Stadt laufen zahlreiche Interstates; ein Mietwagen ist unbedingt empfehlenswert.

Unterkunft: Der »Comfort Inn Historic Route 66«, komfortabel und preiswert, bietet sich schon wegen seines Namens an (4017 NW 39th Expressway, Tel. 405-9470-038, Fax 946-7450). Das »Marriott« ist ein schmuckloses Großstadthotel mit großen Zimmern und freundlichem Service (3233 NW Expressway, Tel. 842-6633, Fax 842-3152). In Bricktown, dem neuen Entertainment-Viertel, liegt der »Ramada Inn Bricktown« (2001 E Reno, Tel. 235-2761, Fax 235-1826). Zeitlose Eleganz und erstklassiger Service erwarten die Gäste im noblen »Westin Oklahoma City« (One N Broadway, Tel. 235-2780, Fax 272-0369). Einfach, sauber und relativ preiswert, das Frühstück inklusive, sind die Zimmer im »Hampton Inn« (3022 NW Expressway, Tel. 947-0953, Fax 947-7667) und im »La Quinta Inn« (8315 South I-35, Tel. 631-8661, Fax 631-1892). Im »Governors Suites Hotel« verfügen alle Zimmer über eine Kochecke, ideal für Familien (2308 S Meridian, Tel. 682-5299, Fax 682-5299).

Restaurants: Die besten Steaks gibt es im »Cattlemen's Steakhouse« (1309 S Agnew, Tel. 236-0416), seit 1910 das beliebteste Lokal der Rinderleute. Auch im »Cimarron Steak House« (201 N Meridian, Tel. 948-7778), dem größten Steakhouse in Oklahoma, schmeckt das Rindfleisch. Zum besten Italiener der Stadt wurde »Bellini's« (6305 N Waterford, Tel. 848-1065) gewählt, dort aß sogar schon Mick Jagger. Exzellente Fajitas und andere mexikanische Spezialitäten werden in »Abuelo's Mexican Food Embassy« (17 East Sheridan, Tel. 235-1422) in Bricktown serviert. In dem neuen Entertainment-Viertel liegt auch die »Bricktown Brewery« (One N Oklahoma, Tel. 232-2739), ein rustikales Lokal mit einer eigenen kleinen Brauerei und schmackhaften Snacks. Wie eine riesige Scheune mutet »Crabtown« an (303 E Sheridan, Tel. 23-CRABS), ein stimmungsvolles Lokal mit Sportsbar und den besten Krabben des Wilden Westens. Mexikanische Küche der Extra-Klasse und die besten Margaritas der Stadt werden in der »Iguna Lounge« serviert (6714 N Western, Tel 840-3473). Saftiges Huhn und deftiger Hackbraten gehören zu den Spezialitäten im rustikalen »Redrock Canyon Grill« (9221 Lake Hefner Parkway, Tel. 749-1995), einem der besten und stimmungsvollsten Restaurants in Oklahoma City am Lake Hefner.

Nachtleben: Im »Chisholm's Club« (401 S Meridian, Tel. 947-7681) wird der Two-Step zu den neusten Country & Western-Songs getanzt. Im »Johnny B. Goode's« (1815 S Meridian, Tel. 682-6000) erklingt der Rock 'n' Roll der Fifties und Sixties.

Sehenswürdigkeiten: Die National Cowboy Hall of Fame (1700 N.E. 63rd Street, Juni–Aug. tgl. 8.30–18 Uhr, sonst tgl. 9–17 Uhr, Tel. 478-2250) ist das größte Cowboy-Museum der Welt mit interessanten Ausstellungen über Geschichte, Kultur und Kunst des amerikanischen Westens. Ein absolutes Muss! Das historische Viertel Stockyards City (Tel. 235-7267) liegt südwestlich der Innenstadt (Interstate 40). Im State Capitol (NE 23rd Street, Mo–Fr 8–16.30 Uhr, Tel. 521-3356) erfährt man einiges über die bewegte Geschichte von Oklahoma. Eine historische Farm, gegründet beim Land Rush 1889, kann man auf der Harn Homestead besichtigen (313 NE 16th Street, Di–Sa 10–15 Uhr, im August geschl., Tel. 235-4058). Der Frontier Theme Park (11501 NE Expressway, tgl. im Sommer, in Frühling und Herbst nur wochenends, Tel. 478-2412) ist ein kleiner Vergnügungspark im Western-Stil. Die Myriad Botanical Gardens (100 Myriad Gardens, Tel. 297-3995) sind eine exotische Park- und Blumeninsel in der Innenstadt. Omniplex vereint zahlreiche Museen samt ihren exzellenten historischen und naturwissenschaftlichen Ausstellungen mit einem IMAX-Kino (2100 NE 52nd Street, im Sommer Mo–Sa 9–18 Uhr, So 11–18 Uhr, im Winter Mo–Fr bis 17 Uhr, Tel. 602-6664). Zu Ehren der Opfer des terroristischen Anschlags auf das Alfred P. Murrah Federal Building (5th Street, zwischen Harvey und Robinson) wurde das eindrucksvolle Oklahoma City National Memorial in der Innenstadt geschaffen.

»Betende Hände« vor der Universität von Tulsa

Shopping: Interessante Lektüre über den amerikanischen Westen und originelle Souvenirs gibt es im National Cowboy Hall of Fame Gift Shop (1700 N.E. 63rd Street, Tel. 478-2250). Zu den größten Western Stores mit preiswerten Jeans und Cowboystiefeln gehört Tener's Western Outfitters (4320 West Reno, Tel. 946-5500). Im Westen eine bekannte Western-Store-Kette ist Sheplers (812 S Meridian, Tel. 947-6831, www.sheplers.com). Indianisches Kunsthandwerk und exzellente Concho-Gürtel bei Intertribal Designs (1520 N Portland, Tel. 943-7935).

Ausflüge: Der »Metro Diner« in **Tulsa** (3001 E 11th Street, Tel. 918/592-2616) wurde den Neon-Lokalen der fünfziger Jahre nachempfunden. In der Stadt mit ihrem Art-déco-Bezirk haben Ölmagnaten kostbare Kunstsammlungen zusammengetragen, besonders im Philbrook Museum of Art (2727 South Rockford Road, Di 10–17, Do 10–20, So 11–17 Uhr, Tel. 918-749-7941) und im Gilcrease Museum (1400 Gilcrease Museum Road, Di–Sa 9–17, Do bis 20, So 11–17 Uhr, Tel. 596-2700). Rund 30 Meilen nördl. (I-35) stehen in **Guthrie** noch rund 400 historische Gebäude – fantastisches Städtchen. In **Arcadia,** fast ein nordöstl. Vorort, steht die berühmte runde Scheune (Route 66, Di–So 10 bis 17 Uhr, Tel. 405-396-2398). Über den H. E. Bailey Turnpike südwestl. nach Chickasha und weiter über den Highway 62 nach **Anadarko**, der »Indian Capital of the Nation«. Im Southern Plains Museum (715 E Central Boulevard, im Sommer Mo–Sa 9–17 Uhr, So 13–17 Uhr, im Winter Mo geschl., Tel. 247-6221) sind Kleidungsstücke, Werkzeuge und Waffen der südlichen Plains-Indianer ausgestellt. In Indian City, USA (Highway 8, 2,5 Meilen südlich von Anadarko, tgl. 9–17 Uhr, Tel. 247-5661) sind sieben Indianerdörfer originalgetreu aufgebaut. Östl. von Anadarko berühmte Indianerführer in der National Hall of Fame for Famous American Indians (Highway 62, östl. von Anadarko, Mo–Sa 9–17 Uhr, So 13–17 Uhr, Tel. 247-5555). **Clinton:** Im »Tradewinds« (2128 W Gary Boulevard, Tel. 405/323-2610) gibt's ein besonders reichhaltiges Frühstück. Ein bepackter Lastwagen steht in Clintons Oklahoma Route 66 Museum (2220 W Gary Blv., Sommer 9–19, So 13–18 Uhr, Winter Di–Sa 9–17, So 13–17 Uhr, Tel. 323-7866).

Information: Oklahoma City Convention & Visitors Bureau, 189 W Sheridan, Oklahoma City, OK 73102, Tel. 297-8912, Fax 297-8888, www.okccvb.org. Oklahoma Route 66 Association, 901 Manuel Ave., Chandler, OK 74834.

»Yippiyeh!«: Cowboy-Denkmal vor der National Cowboy Hall of Fame in Oklahoma City

Texas: Amarillo

Karte: Seite 110/111, Planquadrat E 2.

Anreise: In Amarillo kreuzen die Interstates 40 und 27. Der Amarillo International Airport wird von einigen amerikanischen Airlines angeflogen.

Unterkunft: Wie ein Cowboy lebt man auf der »Cottonwood Springs Ranch« (Tel. 806-665-7126, Fax 665-4030, E-Mail gstranch@aol.com). Zu den besseren Hotels gehört »Holiday Inn Holidome« (1911 I-40 East at Ross, Tel. 372-8741, Fax 372-2913). Einfach, sauber und preiswert sind die folgenden Hotels und Motels bekannter Ketten: »Comfort Inn Suites« (2103 Lakeview Drive, Tel. 352-8300, Fax 359-3616), »Hampton Inn« (1700 I-40 East, Tel. 372-1425, Fax 379-8807), »Holiday Inn Express« (3411 I-40 West, Tel. 356-6800, Fax 356-0401), »Residence Inn by Marriott« (6700 I-40 West, Tel. 354-2978, Fax 354-2978).

Restaurants: Die berühmten Zwei-Kilo-Steaks gibt es in der legendären »Big Texan Steak Ranch« (7701 I-40 East, Tel. 806-372-7000). Zum Haus gehört ein stimmungsvolles und rustikales Motel Tel. 372-5000, Fax 371-0099). Schmackhaft sind auch die Steaks im »Outback Steakhouse« (7101 I-40 West, Tel. 352-4032). Mexikanisches Essen wird im »Santa Fe« Restaurant serviert (3333 Coulter, Tel. 358-8333). Würziges Barbecue nach Texas-Art lässt man sich im »Little Texas Smokehouse« schmecken (3409 South Georgia, Tel. 358-8230). Gute Burger gibt's im »Coyote Bluff Cafe« (2417 South Grand, Tel. 373-4640).

Sehenswürdigkeiten: Einige Gebäude aus der goldenen Zeit der Route 66 wurden im Route 66 Historic District in Old San Jacinto restauriert (Sixth Avenue zwischen Georgia und Western). Neun Meilen westlich der Stadt (I-40) stecken die Wagen der Cadillac Ranch kopfüber in einem Feld. Die Geschichte der amerikanischen Quarter-Horse-Zucht dokumentiert American Quarter Horse Heritage Center & Museum (2601 I-40 East/Quarter Horse Drive, Tel. 376-5181). Jeden Dienstag werden Rinder auf der Amarillo Livestock Auction versteigert (100 Manhattan Street, Tel. 381-7911).

Anadarko: Denkmal der Indian Hall of Fame

Shopping: Zahlreiche Antique Shops und Souvenirläden warten im Route 66 Historic District. Im »Big Texan« gibt es einen interessanten Shop, in dem auch Route-66-Souvenirs verkauft werden.

Ausflüge: Ungefähr 40 Meilen südlich von Amarillo liegt der **Palo Duro Canyon State Park** (Route 2, Box 285, bei Canyon, im Sommer tgl. 6–22 Uhr, sonst 8 bis 22 Uhr, Tel. 488-2227). Im Amphitheater wird das (kitschige) Spektakel »Texa« aufgeführt (Mitte Juni bis Ende August Mo–Sa 20.30 Uhr, Tel. 655-2181). Im nahen Städtchen **Canyon** liegt das Panhandle-Plains Historical Museum (2401 Fourth Avenue, im Sommer Mo bis Fr 9–18, Sa 13–18 Uhr, im Winter Mo bis Fr 9–17, Sa 13–18 Uhr Tel. 651-2244), das die Geschichte des Panhandle in vorbildlicher Weise darstellt.

Information: Amarillo Convention & Visitors Council, P. O. Box 9480, Amarillo, TX 79105, www.amarillo-cvb,org. Historic Route 66 Association, P. O. Box 4117, Amarillo, TX 79106.

50 LB (22.7 kg)

Im Mix: Spaniens Charme und indianische Kultur

Fotos: Zwei Mal Santa Fe – Flamenco zur Feier des Spanish Market auf der Plaza und die Kirche Christo Rey.

Im fünftgrößten US-Bundesstaat – mit 315 000 Quadratkilometern nur zehn Prozent kleiner als die heutige Bundesrepublik – ist nicht das verzückte Reisen angesagt, sondern das genaue Hinschauen und -hören. Mal mischen sich große Historien, mal gibt es scharfe Abgrenzungen. Dem sensiblen Besucher öffnet sich mitten in den USA die Tür zu einer ganz neuen Welt – vor allem in und um Santa Fe.

Typisch für Santa Fe sind die Adobe-Häuser, erbaut aus luftgetrockneten Ziegeln, Stroh und Lehm

New Mexico scheint für Künstler und Träumer geschaffen worden zu sein: Zwischen Santa Fe und Taos, in den Schluchten und Tälern des nördlichen New Mexico, leuchtet die Sonne in allen Farben, lebt magisches Licht zwischen den roten und braunen Felsen und auf den bewaldeten Hängen der sanften Berge. »Das Land zwischen Santa Fe und Taos ist eine mythische Landschaft«, sagt Tony Abeyto, einer der bekanntesten indianischen Künstler.

»Die Menschen kommen, weil sie in unserer technisierten Welt einen neuen Fluchtpunkt suchen. New Mexico gibt ihnen den Frieden, den sie anderswo vergeblich suchen. Jeder Tag ist ein visuelles Erlebnis. Erstaunliche Ausblicke fesseln deinen Blick, du siehst die wunderschönen, mit Salbei bewachsenen Hügel, die unermesslichen und weiten Ebenen. Dies ist ein verwunschenes Land, und es ist beinahe unmöglich, sich nicht von dieser einfachen Schönheit beeinflussen zu lassen. Ich möchte mit meinen Gemälden zwischen den unterschiedlichen Welten vermitteln.«

Selbst auf der belebten Plaza von Taos, mit den Souvenirgeschäften und den Restaurants und dem Touristenrummel, der die Stadt vor allem an den Wochenenden überschwemmt, sind die Geheimnisse des Landes spürbar. Die Kunst hat den kleinen Ort vereinnahmt und lebt in zahlreichen Galerien und Workshops. Hinter den dicken Mauern der Martinez Hacienda, der ehemaligen Heimat von Don Antonio Severino Martinez, der hier von 1804 bis 1827 lebte, erinnern schwere Holzmöbel und silberne Gefäße an die Zeit der spanischen

Touristische Mischung: ortsübliche Chili-Schoten und Angebot zum italienischen Kaffee

Taos hat viel (Kunst-)Handwerk zu bieten

Eroberer und Missionare. In dem alten Haus aus den hier typischen, Adobe genannten Lehmziegeln, in dem Kit Carson von 1843 bis 1868 wohnte, leben der Geist des Trappers und die Pionierzeit des 19. Jahrhunderts, als amerikanische Siedler über den Santa Fe Trail nach Westen kamen und die spanische Krone verdrängten. Die blutigen Kämpfe sind längst vergessen, und viele Amerikaner sind froh, dass spanischer Charme und indianische Kultur eine farbenprächtige Ehe eingegangen sind.

Lebendige Geschichte erleben in Santa Fe

Santa Fe, an einer Ausweichroute der Route 66 gelegen, gehört zu den schönsten Städten der USA. Hier gibt es keine gläsernen Wolkenkratzer, selbst hässliche Apartmenthäuser sind selten. Sogar die Fast-Food-Tempel von McDonald's bis Pizza Hut verstecken sich hinter einer Fassade aus Adobe. An der alten Handelsstraße, die immer noch »Old Santa Fe Trail« heißt, liegen Kunstgalerien, Restaurants und Boutiquen. Ein teures Pflaster, denn hier werden Mode gemacht und Trends gesetzt. Ramschläden und Gift Shops leben im Schatten der exklusiven Markenläden.

Selbst in der Innenstadt ist die Geschichte noch lebendig: Die San Miguel Chapel, seit 1625 am historischen Santa Fe Trail gelegen, bietet noch denselben Anblick wie damals. Und ein paar Meter weiter steht das »älteste Haus der USA«, das den Händlern, die über den Santa Fe Trail kamen, ein vertrauter Anblick war. Das Gebäude soll angeblich bereits Anfang des 13. Jahrhunderts entstanden sein.

Nördlich der Plaza ragt der Palace of the Governors empor, ein gewaltiger Adobebau, in dem bis 1881 spanische und territoriale Gouverneure residierten. Der Palast wurde 1610 erbaut und wird als »ältestes, ständig benutztes öffentliches Gebäude der USA« gepriesen. Hier schrieb 1880 Gouverneur Lewis Wallace Teile seines berühmten Romans »Ben Hur«. In einem Museum ist die bewegte Geschichte der ehemals spanischen Stadt dokumentiert.

Das Erbe der spanischen Vergangenheit wird überall in Santa Fe gepflegt. Auch die Plaza wird von romantischen Häusern aus luftgetrockneten Lehmziegeln gesäumt, und in den schmalen Gas-

John Suazo, ein indianischer Künstler aus Taos

»Gebrauchsanweisung« für den Besuch eines Indianer-Pueblos: Selbstverständlich sollte man bei einem Besuch den indianischen Bewohnern mit Respekt begegnen. Die Vorschriften, die von der Stammesregierung erlassen wurden und in einigen Dörfern beispielsweise das Fotografieren verbieten, sind unbedingt zu befolgen. Bitte keine Privathäuser betreten, nicht auf Mauern steigen und keine Tonscherben mitnehmen. Die Zeremonienhäuser dürfen ebenfalls nicht betreten werden. Alkohol, Drogen und Feuerwaffen sind in den Pueblos grundsätzlich streng verboten.

Adobe-Kirche in Taos; die meisten Pueblo-Indianer wurden christianisiert

sen abseits des Touristentrubels herrscht eine anregende Atmosphäre, in der sich vor allem kreative Menschen wohl fühlen. »Weil das Licht hier sanfter ist«, sagt die Bildhauerin Veryl Goodnight, »sind die Formen weicher; die Atmosphäre ist entspannter. Santa Fe ist eine weibliche Stadt.«
Santa Fe lebt von den romantischen Träumen, die mit dem Wind von den

Santa Fe: Eingang zum Georgia O'Keeffe Museum

Bergen kommen. Der wehmütige Klang indianischer Trommeln und die ausgelassene Fröhlichkeit der spanischen Eroberer beeinflussen den Charakter der Stadt, leben in den verwinkelten Gassen und zwischen den Mauern aus Lehmziegeln – selbst in einem großen Hotel wie das »La Fonda«, das am Ende vom Santa Fe Trail über der Plaza aufragt.
In der Canyon Road berauschen den Besucher Formen und Farben: Hier pulsiert das kreative Herz der Stadt in zahlreichen Galerien wie »Morning Star« (mit der Indianerausstellung des Privatsammlers Joe Riviera), den »Fenn Galleries« (mit zeitgenössischen Gemälden und Skulpturen) und »Altermann & Morris«, wo die Pferdeskulpturen von Veryl Goodnight verkauft werden.

Die Reise durch New Mexico beginnt in einem unscheinbaren Ort. In Tucumcari lockt ein Indianerzelt, ein hölzernes Tipi vor einer klappernden Tür. »The Teepee Store« steht in bunten Lettern auf dem Fenster, und so muss man es auch aussprechen: Tiiipiii. Kein Indianer würde das verstehen. Mike Callens steht hinter dem Tresen, einen indianischen Topfhut auf dem Kopf. Der Laden gehört seiner Schwägerin, aber er hilft öfter mal aus, weil er sowieso nichts Besseres zu tun hat und man im Curio Shop interessante Menschen trifft. In den Fünfzigern gab es mehr Curio Stores als Motels an der Straße, kleine Ramschläden, in denen billige Souvenirs und alle möglichen Kuriositäten angeboten wurden. »The Teepee Store« ist der letzte wahre Curio Store an der Route 66, schon vor mehr als vierzig Jahren wurden dort Kunden bedient. Erst als die Nostalgie-Welle um die Route 66 wieder Touristen in die abgelegenen Dörfer brachte, hängten sich andere Läden dran.

Romantische Geschichte in einem legendären Motel

Route-66-Fans, die in Tucumcari übernachten, steigen im historischen Blue Swallow Motel ab, dem meistfotografierten Motel an der legendären Straße und auch das Titelbild dieses Bandes. Die blaue Neonschwalbe leuchtet seit fünfzig Jahren über dem Eingang des flachen Gebäudes.
Auch dort wird die Legende der beiden Liebenden erzählt, die Tucumcari seinen ausgefallenen Namen gaben: Tonopah und Tocom, zwei tapfere Krieger der Apachen, waren verfeindet und stritten um die Gunst der hübschen Häuptlings-

Nicht nur in den USA mit gutem Ruf: Veryl Goodnight im Atelier

Die Rückkehr zu den Wurzeln, ohne die Zukunft aus den Augen zu verlieren – zwischen Santa Fe und Taos lebt die Kunst von der Spannung zwischen indianischer Tradition, spanischer Vergangenheit und der Experimentierfreude der jungen Generation. Veryl Goodnight, eine bekannte Bildhauerin: »Das Licht ist hier besonders intensiv, vor allem abends, und das Land verändert sich ständig, wie eine Skulptur unter meinen Händen. Die Natur arbeitet als Bildhauer. Am schönsten ist es nach einem heftigen Regen, wenn der Boden aufgewühlt ist und die Luft nach der würzigen Erde riecht.«

Von der Bishop's Lodge im Western-Sattel durch die Berge bei Santa Fe

Auf Santa Fes Spanish Market: Flamenco-Sängerin ... ... und Souvenirs kaufende Touristen (unten)

tochter. Kari, so hieß das Mädchen, hatte sich längst für Tocom entschieden, aber das wusste niemand. Wautonamah, ihr Vater, befahl einen Kampf auf Leben und Tod. Wer gewann, sollte neuer Häuptling werden und Kari zur Frau bekommen. Das Mädchen versteckte sich in einem Gebüsch. Dort musste sie mit ansehen, wie Tocom von seinem Gegner besiegt wurde. Verzweifelt schluchzend verließ sie ihr Versteck, tötete den verhassten Tonopah und sich selbst. Ihr Vater riss das blutige Messer aus der Brust des Mädchens und brachte sich ebenfalls um. »Tocom! Kari!«, sollen seine letzten Worte gewesen sein. Seitdem tragen der nahe Berg und die kleine Stadt diesen Namen. »Romeo und Julia« auf indianisch – beinahe zu melodramatisch, um wahr zu sein, und eine der interessantesten Geschichten an der Route 66 in New Mexico.

Nach Santa Rosa herein fahren keine Trucks mehr

In Santa Rosa halten die Trucker nur noch auf dem großen Truckstop an der Interstate. Auch sie fahren nicht mehr in die kleine Stadt hinab. Der »Fat Man«, ein pausbäckiger Werbeonkel, der die Reisenden von 1935 bis 1992 für seine berühmten Hamburger begeisterte, ist vom Straßenrand verschwunden. Das Restaurant des Truckstop ist billiger. Und die Trucker haben es eilig, fahren Tag und Nacht, können sich die historische Straße nicht mehr leisten.

Die Route 66 ist in der Vergangenheit zurückgeblieben, mit allem Drum und Dran, nicht mal die modernen Hotels lohnen sich dort noch. Zu langsam, zu kurvenreich, dazu der brüchige Asphalt. Eine Straße für Träumer, die abseits der

Interstate nach dem wahren Amerika suchen. Beispielsweise in Las Vegas von New Mexico – nicht die berühmte Casinostadt in Nevada –, einer beschaulichen Kleinstadt, die während des Wilden Westens einen eher zweifelhaften Ruf besaß und legendäre Marshals und Revolvermänner wie Wyatt Earp, Doc Holliday und Billy the Kid zu ihren Besuchern zählte. Die Eisenbahn, die 1879 kam, hatte einen wirtschaftlichen Boom nach Las Vegas gebracht. Daran erinnern heute nur noch die historischen Gebäude in der Altstadt.

Aus dieser Zeit hat auch »Murphey's Drugstore« überlebt, in dem man noch immer die legendären »Floats« bekommt – das ist in Limonade schwimmendes Vanille-Eis – und die selbst gemachte Cherry Coke.

In einstigen Geisterstädten leben heute Künstler

Über den Turquoise Trail, eine schmale Landstraße zwischen Santa Fe und Albuquerque, geht es zu den bekanntesten Geisterstädten in New Mexico. Die ehemals verlassenen Dörfer sind längst wieder bewohnt und wurden von Künstlern und Kunsthandwerkern zu Touristenattraktionen aufgewertet. Selbst das staubige Cerrillos, einst eine Boomtown in den Hügeln südlich von Santa Fe, zieht Besucher an. Auch Filme wurden hier gedreht. Zwischen den verwahrlosten Bruchbuden kann man sich gut vorstellen, was hier um 1880 losgewesen sein muss, als Gold, Silber, Blei, Zink und Türkise in den nahen Bergen gefördert wurden und die Main Street ein Tummelplatz für Abenteurer und zwielichtige Elemente war. Einundzwanzig Saloons gab es damals in der kleinen Stadt.

Ein paar Meilen weiter südlich liegt Madrid, das 1869 gegründet wurde, aber erst um 1900 seine Blütezeit erlebte. Mit etwas Glück kann man heute noch Türkise in der näheren Umgebung finden. Die Main Street wird von zahlreichen Kunstgalerien gesäumt.

Ein Tagesausflug führt über die landschaftlich schöne Route 550 zum Chaco Canyon im Nordwesten von New Mexico. In den Felsenhäusern der zehn Meilen langen Schlucht lebten die Anasazi, prähistorische Indianer, die eine hoch stehende Kultur entwickelten und ihre Blütezeit um 1000 n. Chr. hatten. Die Ruinen von Pueblo Bonito, einer

Zahmes Rafting durchs Indianderland im Rio Grande Valley

Jung-Cowboy

Seilbahn auf den Sandia Peak bei Albuquerque (unten)

Spukt bis heute in den Köpfen – die Geschichte vom Ufo, das am 3. Juli 1947 bei Roswell in New Mexico notgelandet sein soll. In dem Wrack hätten die Leichen von vier Außerirdischen gelegen. Die Regierung behauptete, bei dem angeblichen Raumschiff handele sich um einen experimentellen Wetterballon, und die Aliens seien Testpuppen aus einem besonders widerstandsfähigen Material gewesen ...

Rund 1000 Jahre alt sind die Grundmauerreste der Anasazi im Pueblo Bonito

halbmondförmigen Siedlung mit fünf Stockwerken, lassen erahnen, mit welcher Perfektion die Baumeister der Anasazi zu Werke gingen. Über 800 Räume hatte dieses erste »Apartmenthaus« von Amerika, die meisten mit Türen und Fenstern und kunstvoll verzierten Wänden. Treppen führen zu den Häusern hinauf. Die Straßen der Anasazi sollen bis nach Mexiko geführt und einen regen Handel mit den dortigen Hochkulturen ermöglicht haben.

Wo Indianer ihre Kultur und Religion bewahren

Auch im Rio Grande Valley scheint vielerorts die Zeit stehen geblieben zu sein. In zahlreichen Pueblos wie Taos und Santo Domingo haben die Indianer sich ihre eigenständige Kultur bewahrt, und selbst ihre Religion hat sich gegen das übermächtige Christentum behaupten können. Auch die Menschen, die nach den prähistorischen Anasazi in dieses Gebiet zogen und hauptsächlich vom Ackerbau lebten, werden »Pueblos« genannt. Die Spanier gaben ihnen diesen Namen der Einfachheit halber, weil die klobigen Adobebauten sie an Dörfer in ihrer Heimat erinnerten.

Stilisierte Straßenkreuzer-Heckflosse und eine 66: Tomas Coffins Route-66-Denkmal in Tucumcari

Nach einem erbitterten Aufstand gegen die spanischen Eroberer gelang es den Pueblos, auch im Dunstkreis der weißen Eroberer unabhängig zu bleiben und in ihren Dörfern ähnlich wie vor dreihundert Jahren zu leben. Natürlich gibt es Fernsehen und Radio, und in jeder Pueblo-Küche steht ein Kühlschrank, aber das Brot wird immer noch in den traditionellen Lehmöfen gebacken.
Ihre Religion und ihre Tänze haben sich auch im 20. Jahrhundert kaum verändert. Zu manchen Zeremonien sind keine Weißen zugelassen, und fotografieren

darf man – gegen eine hohe Gebühr – nur im kommerziellen Taos Pueblo. Es ist das größte Indianerdorf am Rio Grande und mehr als 900 Jahre alt.

Authentische und merkantile Indianerdörfer

Zia liegt am nördlichen Ufer des Jemez River – wiederum an der 550 – und wurde besonders für seine Töpferwaren bekannt. Das von den Bewohnern des Dorfes entworfene Sonnensymbol findet man auch auf der Staatsflagge von New Mexico. Isleta südwestlich von Albuquerque gehört zu den größten Indianerdörfern. Hier ist kaum noch etwas ursprünglich geblieben; nur für Touristen werden die Töpferwaren angefertigt. Dagegen gehört das jährliche Fest am 24. Juni in San Juan zu den farbenprächtigsten und schönsten des Südwestens. Wie San Juan liegt auch San Ildefonso nördlich von Santa Fe nicht weit von Espanola. Letztgenannter Ort war die Heimat von Maria Martinez, deren kunstvolle Töpferwaren sogar in Museen stehen.

Bei Acoma stehen in der Sky City einfache Lehmziegelbauten mit Zugang über Leitern

Im Indian Pueblo Cultural Center von Albuquerque tanzt man für Touristen

Zickzackkurs in der amerikanischen Indianer-Politik: 1934 wurde der »Indian Reorganization Act« beschlossen; der sah vor, den Indianern einen Teil ihres Landes als kollektiven Besitz zurückzugeben. Während der Regierungszeit von Präsident Eisenhower (1953–61) wurde das Gesetz jedoch aufgehoben. Präsident Nixon unterstützte die eigenständige Kultur der Indianer. Heute lebt über die Hälfte aller Reservations-Indianer von der Wohlfahrt. In ihrer Tristesse sehen viele nur Alkohol und Drogen als Fluchtweg.

Gut nachvollziehbare indianische Felszeichnung – hier bei Albuquerque

Weitere interessanteste Pueblos sind Jemez, wo besonders farbenprächtige Zeremonien und Tänze stattfinden, und Santo Domingo, das den Tourismus nur toleriert, weil er die einzige Einnahmequelle bildet. Dieses Dilemma der Indianerdörfer nimmt die weißen Besucher in Verantwortung, die ein Pueblo nicht mit einem Menschenzoo verwechseln und die fremdartige Kultur respektieren sollten.

Albuquerque lädt zur Balloon Fiesta ein

Am über 3000 Meter hohen Sandia Peak vorbei geht es nach Albuquerque, der größten Stadt in New Mexico. Im Häusermeer versteckt liegt Old Town, die historische Altstadt, die bereits 1706 von den Spaniern gegründet wurde und mit einer Plaza samt Adobebauten dem Original in Santa Fe nacheifert. Seinen großen Feiertag hat Albuquerque jedes Jahr im Oktober, wenn die »International Balloon Fiesta« viele tausend Besucher in

Indianerjunge in El Malpais

die Stadt zieht. Nahezu tausend Heißluftballons in allen Formen und Farben erheben sich in den blauen Himmel.
Auf der Central Avenue von Albuquerque sind die Fifties angesagt. Über die Backsteinwand eines alten Hotels fährt ein Dampfzug, und der knallrote Cadillac, der an der Ampel hält, streckt noch die langen Haifischflossen in den heißen Wind. Ein Wunder, daß vor dem KiMo Theatre kein Plakat mit James Dean und Natalie Wood hängt. Dieses historische Kino, ursprünglich ein Theater für Vaudeville-Shows, ist originales Albuquerque: eine Mischung aus Art déco und erdfarbener Indianerkunst.
Kaum zu glauben, dass der »66 Diner« mit den bunten Neonstreifen erst vor ein paar Jahren eröffnet wurde. Auf dem Parkplatz steht ein 57er-Ford Fairlane, der Wagen des Managers. Erik Willis, ein großer Fan der Route 66, hat das Lokal nach Fotos aus den Fünfzigern entworfen. Selbst die Jukebox ist echt. Die Kellnerinnen tragen türkisfarbene Uniformen und weiße Bobby Socks wie zu Elvis' Zeiten. Die Spezialität ist »Pileup« – ein Riesenteller mit Bratkartoffeln, Speck, geschmolzenem Käse und zwei Eiern. An den cremefarbenen Wänden flackern rosane und grünblaue Neonlichter. Früher stand hier Sams Tankstelle, die in den Siebzigern abbrannte.

In Albuquerques »66-Diner« gibt's mehrstöckige Hamburger und kalorienreiche Milchshakes

Eine der ältesten Siedlungen in Amerika: Acoma

Westlich von Albuquerque wartet die endlose Straße. Die Reifen surren über den heißen Asphalt. Die Route 66 führt über eine lange Steigung parallel zur Interstate und den Schienen der Santa Fe Railroad. Abseits der Straße thront Acoma auf einer einsamen Hochebene – eine der ältesten Siedlungen in Amerika. Die Legende will wissen, dass sie schon vor Christi Geburt bewohnt war. Die Missionskirche »San Estevan del Rey«, 1639 erbaut, steht unter Denkmalschutz. Die Indianer wehren sich verzweifelt gegen die Amerikanisierung, verschanzen sich hinter alten Liedern und dicken Lehmmauern. Aber ganz wollen sie auf den Tourismus nicht verzichten. Mit indianischen Führern darf man in einen bestimmten Teil der Himmelsstadt, und an der Schnellstraße werben Reklametafeln für ihr neues Casino.
In Gallup führt die Route 66 parallel zur Interstate nach Arizona hinein. Ein Albtraum, diese Stadt, überall Wohnwagen und Werbeschilder, und ein gefährliches Pflaster für die Navajo-Indianer, die sich in den Bars voll laufen lassen und auf den Straßen herumlungern. Viele Indianer sind auf dem Weg des weißen Mannes gestrauchelt, leben von der Sozialhilfe und ertränken ihren Frust im Alkohol.
Vor dem El Rancho Hotel hockt ein weißhaariger Krieger, der sich noch an die glorreichen Zeiten erinnern kann, als in Gallup zahlreiche Western gedreht wurden. Er durfte einen bösen Comanchen spielen und bekam zwanzig Dollar dafür. Gregory Peck, Errol Flynn und Katharine Hepburn wohnten im El Rancho, ihre Fotos hängen oben in der Lobby.

REISE-INFO NEW MEXICO

Albuquerque

Karte: Seite 112/113, Planquadrat E 7.

Anreise: Albuquerque International Airport liegt südlich und wird u. a. von United Airlines angeflogen. Die Interstates 25 und 40 kreuzen sich in der vom Rio Grande durchflossenen Stadt. Für die Eisenbahn, Amtrak, ist Albuquerque ein Knotenpunkt.

Unterkunft: Das »La Posada de Albuquerque« erinnert an eine Hacienda aus dem 19. Jahrhundert (125 Second Street NW, Tel. 505-242-9090, Fax 242-8664). Kleine, aber gemütliche Suites warten im preiswerten »Sumner Suites« (2500 Menaul Boulevard, Tel. 881-0544, Fax 881-0380). »Casas de Suénos« heißen die Adobehäuser einer ehemaligen Künstlerkolonie, innen ein romantischer Patio mit unzähligen Rosen (310 Rio Grande SW, Tel. 247-4560, Fax 247-4560). In **Gallup** war zwischen 1940 und 1960 das »El Rancho Hotel« (1000 East 66 Avenue, Tel. 863-9311, Fax 722-5917) eine beliebte Herberge der Hollywood-Stars.

Restaurants: Innovative American und Southwestern Cuisine wird im »Maria Teresa« zelebriert (618 Rio Grande Boulevard NW, Tel. 242-3900). Im »66 Diner«, einem Diner im Stil der fünfziger Jahre, werden exzellente Hamburger und gehaltvolle Milchshakes serviert (1405 Central Avenue, Tel. 247-1421). Deftige Hausmannskost aus New Mexico gibt es im »Catalina's« (400 San Felipe Street, Tel. 842-6907).

Sehenswürdigkeiten: Old Town heißt die spanische Altstadt (Interstate 40, Exit Rio Grande Boulevard), eigentlich mehr Einkaufs- und Vergnügungsviertel. Indian Pueblo Cultural Center (2401 12th Street NW, Tel. 843-7270, 9–17 Uhr) heißt das Kulturzentrum der Pueblo-Indianer mit Museum und Galerie, am Wochenende kostenlose Tanzvorführungen.

Ausflüge: Per Aerial Tramway auf den 3400 m hohen **Sandia Peak** (tgl. 9–22 Uhr, etwa alle 20, 30 Min., Tel. 856-7325). Oben gutes Restaurant »High Finance« – teuer, aber fantastischer Blick (Reservierung, Tel. 243-9742). Im Rio Grande Valley liegen zahlreiche Pueblos, die teilweise nur über holprige Sandstraßen erreichbar sind: **Zia** etwa oder **San Felipe**, **Isleta**, **Acoma** (»Sky City«) oder **Santo Domingo**. Die bizarren Lavafelder des **El Malpais National Monument** gehören zu den außergewöhnlichsten Vulkanlandschaften der USA.

Information: Albuquerque Convention & Visitors Bureau, P. O. Box 26866, Albuquerque, NM 87125, Tel. 842-9918, www.abqcvb.org. New Mexico Route 66 Association, 1415 Central Avenue NE, Albuquerque, NM 87106.

Santa Fe

Karte: Seite 112/113, Planquadrat D/E 8.

Anreise: Santa Fe hat zwar einen eigenen Flughafen, doch es gibt mehr Verbindungen nach Albuquerque.

Unterkunft: Das historische »La Fonda« Hotel ist ein gewaltiger Adobe-Bau (100 E San Francisco, Tel. 505-982-5511, Fax 982-6367). In einer einstigen Mädchenschule am historischen Santa Fe Trail liegt »The Inn at Loretto« (211 Old Santa Fe Trail, Tel. 988-5531, Fax 984-7988). »La Quinta Inn« ist ein preiswertes Hotel mit geschmackvoll eingerichteten Zimmern (4298 Cerrilos Road, Tel. 471-1142). **Tucumcari**: Eine blaue Neon-Schwalbe leuchtet über dem »Blue Swallow Motel« (815 East Tucumcari Boulevard, Tel. 461-1694). Das historische »Plaza Hotel« von **Las Vegas** (New Mexico) liegt an der zentralen Plaza (230 Old Town Plaza, Tel. 425-3591).

Restaurants: In »The Old House« (im schönen, freilich teuren Eldorado Hotel, 309 W San Francisco Street, Tel. 505-988-4455) wird eine asiatisch und französisch beeinflusste New Mexican Cuisine serviert. Im traditionellen »The Pink Adobe« (406 Old Santa Fe Trail, Tel. 983-7712) gibt es auch einheimische Gerichte. Seit 1954 schwören besonders Einheimische auf die traditionelle Pueblo-Küche mit scharfen Chili-Gerichten in »The Shed« (113 1/2 East Palace Avenue, Tel. 982-9030). »Downtown Subscription« (376 Garcia Road, Tel. 983-3085) ist ein stimmungsvolles Café. **Las Vegas**: Im Drugstore »Murpheys« gibt es gehaltvolle Milchshakes und selbst gemixte Softdrinks wie in den 1950ern (600 Douglas Avenue, Tel. 425-6811).

Sehenswürdigkeiten: Im Palace of the Governors ist ein erstklassiges Museum über Geschichte und Kultur des Staates untergebracht. (On the Plaza, Tel. 827-6483, 10–17 Uhr, im Jan. und Febr. Mo geschl.). Im Museum of Fine Arts (On the Plaza, Tel. 827-4455, Di–So 10–17 Uhr) ist außer der modernen Kunst auch das Gebäude (1917) sehenswert. In einem umgebauten Adobehaus befindet sich seit 1997 das Georgia O'Keeffe Museum (Johnson Street, Di–So 10–17 Uhr). In der St. Francis Kathedrale (Palace Ave.) die um 1625 entstandene Marienstatue »La Conquistadora«, heute »Our Lady of Peace«.

Shopping: Auf der Plaza verkaufen indianische Händler ihren (manchmal überteuerten) Schmuck, an der Canyon Road gibt es zahlreiche Galerien. Die Skulpturen von Veryl Goodnight und anderen Künstlern aus Santa Fe gibt es bei Altermann and Morris Galleries (225 Canyon Road, Tel. 983-1590).

Ausflüge: Zwölf Pueblos und über vierhundert kleine Ruinen der Anasazi-Indianer liegen im **Chaco Culture National Historic Park**. Am berühmtesten ist Pueblo Bonito, eine halbmondförmige Siedlung im Zentrum der Tales. **Taos**, im Winter ein bekanntes Skiparadies, ist eine Künstler-Enklave mit zahlreichen Galerien, z. B. Tony Abeyta Gallery (3 St. Francis Plaza, Ranchos de Taos, Tel. 751-9671). Das Taos Pueblo ist ein 900 Jahre altes Indianerdorf (Tel. 758-9593).

Information: Santa Fe Convention & Visitors Bureau, 201 W Marcy Street, Santa Fe, NM 85704, Tel. 984-6760, Fax 984-6679. New Mexico Dep. of Tourism, 491 Old Santa Fe Trail, Santa Fe, NM 87503, Tel. 827-7400, Fax 827-7402.

Gallup: Im »El Rancho«-Hotel stiegen schon berühmte Filmstars ab

Santa Rosa: augenfällige Werbung für ein eher unbedeutendes Automuseum an der Route 66

Mitten durch Albuquerque führt die Route 66

In Albuquerque fährt diese Rikscha im passenden Oldtimer-Look

In Las Vegas, New Mexico, gesehen: eine Perle von Zugmaschine

Ohne das Automobil läuft in den USA gar nichts: Obwohl Städte wie Denver und sogar das autoverliebte Los Angeles zum öffentlichen Nahverkehr zurückkehren, bleibt das Auto die Nr. 1. Die gesamte Infrastruktur richtet sich nach diesem Verkehrsmittel: neben den Fast-Food-Lokalen verfügen auch Banken und Post über einen Drive-Through-Schalter. Beim »Valet Parking« der vornehmen Hotels und Restaurants wird das Auto von Bediensteten geparkt – oft drei Blocks weiter. Benzin ist spottbillig.

Stilecht: im »Red Cadillac« nach Westen

Fenster in den Wilden Westen

Gr. Foto: Berühmter Durchblick: Window Rock im Navajo-Reservat. Kl. Foto: Heiß begehrte Abkühlung: Slide Rock im Oak Creek Canyon.

Einerseits ist Arizona der Staat mit den großen Indianer-Reservaten, andererseits das Land der berühmten felsigen Western-Szenerien, die auch manchem Filmklassiker als unvergessliche Kulissen dienten. Lohnende Abstecher für Route-66- und Western-Fans: der Umweg durchs Red Rock Country nach Sedona und zum Oak Creek Canyon. Dort wird die Sehnsucht nach unvergesslicher Felsenromantik gestillt.

Angel Delgadillo aus Seligman: Ehrenpräsident der Historic Route 66 Association

Biker-Parade im historischen Wigwam-Motel in Holbrook

Wer über die Route 66 nach Westen fährt, kommt an Angel Delgadillo nicht vorbei. Seit dem 22. Mai 1950 betreibt er einen Friseurladen in Seligman (Arizona) und ist Ehrenpräsident der »Historic Route 66 Association of Arizona«. Der Route-66-Fan: »Wir fingen am 18. Februar 1987 mit 25 Mitgliedern an, inzwischen haben wir beinahe tausend. Seit wir die Gesellschaft gegründet haben, leben die alten Zeiten wieder auf. Die Leute suchen nach der Route 66. Nach dem Amerika von gestern, dem einfachen Leben, als das Fernsehen noch schwarzweiß war, und die Straße dort ihre eigene Serie hatte. Die Route 66 ist eine Traumstraße, das hat sich nie geändert.«

»Mister Route 66« verbrachte sein ganzes Leben an der historischen Straße und dachte nie daran, Seligman zu verlassen. Auch nicht nach dem 22. September 1978, als die Interstate 40 die Stadt beinahe zu einer Ghosttown machte. Am besten erinnert er sich an die frühen 1930er-Jahre. »Ich war damals ein kleiner Junge, und es war aufregend, dem Verkehr zuzuschauen. Dann begann mit der Depression ein wahrer Exodus: Ein Auto nach dem anderen fuhr vorbei. Wenn ein Wagen mit einer Matratze auf dem Dach vorbeikam, lachten wir: 'Da kommt ein armer Okie!' Wenn zwei Matratzen zu sehen waren, sagten wir: 'Da kommt ein reicher Okie!' So wurden die Farmer aus Oklahoma genannt, die der Dust Bowl entflohen und in Kalifornien das Paradies suchten. Du kannst dir nicht vorstellen, was die alles mitschleppten: Matratzen, Badewannen, Ersatzreifen, sogar Hühner. Das waren harte Zeiten, aber sie schafften es, nicht den Humor zu verlieren. Nur so konnte man überleben.«

Angel Delgadillo überlebte auch und freut sich über das wieder erwachte Interesse an »seiner« Straße. Gleich hinter Seligman kann man noch den Originalbelag des Highways sehen, und überall an der »Historic Route 66« werden historische Motels und Diners restauriert und Museen eingerichtet. Am ursprünglichsten erscheint »Mister Route 66« die Straße in Holbrook im äußersten Osten von Arizona. Hier gibt es den letzten »Wigwam Court« – in den fünfziger Jahren ein vertrauter Anblick. Die steinernen Indianerzelte gehörten zu den populärsten Motels an der legendären Straße. Auch der erste »Auto Court« (so hießen die Motels ursprünglich) stand in Holbrook, wurde aber schon vor vielen Jahren abgerissen. Übrig geblieben ist jedoch »Joe & Aggies Cafe«, das bereits 1943 eröffnet wurde und inzwischen Mexikanern gehört. Das Essen ist noch immer nicht besser geworden. Ein paar Häuser weiter steht der »Bucket of Blood Saloon«, der 1888 eine blutige Schießerei sah: Damals hat Sheriff Perry Owens vor der Tür eine Bande von Viehdieben erschossen.

Durch den Petrified Forest National Park führt die Route 66 ins Indianerland. Versteinerte Bäume leuchten in allen Farben. Nach dem Glauben der Navajo-Indianer sind das die Knochen von Yiesta, einem riesigen Zauberer, der im Kampf gegen die Geister getötet wurde. Weiße Wissenschaftler haben inzwischen bewiesen, dass das versteinerte Holz zu einem Sumpfgebiet gehörte, dass vor 200 Millionen Jahren den östlichen Teil von Arizona bedeckte. Durch einen chemischen Prozess wurden die meisten Bäume in Quarz umgewandelt. Ihr Anblick erinnert an die fantasievolle Landschaft in einem Science-fiction-Film.

Durch die größte Indianer-Reservation der USA

Über schmale Schotterstraßen geht es in die Reservation der Navajo-Indianer. Ein trostloses und doch eindrucksvolles Land. Rotbraune Felsen ragen aus dem Sand, graue Vulkanasche bedeckt den brüchigen Lehmboden. Über 200 000 Navajos wohnen in dem fünfeinhalb Millionen Hektar großen Gebiet, der größten Reservation der USA. Sie sind der alten Kultur verbunden, treiben ihre Schafherden durch die Täler und lehnen sogar ein lukratives Kasino ab, profitieren aber auch von den weißen Touristen, die zum Canyon de Chelly oder Monument Valley fahren. In Window Rock, der kleinen Hauptstadt des Navajo-Landes, gibt es die »Navajo Times« und einen Rundfunksender, der in der Navajo-Sprache sendet. Im historischen Hubbell Trading Post werden noch immer Teppiche und Schmuck an durchreisende Besucher verkauft.

In Holbrook

Versteinerte Baumstämme im Petrified Forest (unten)

Original Route 66 bei Seligman – streckenweise mit neuem Belag

Weil er nicht fliegt, sondern auf flinken Beinen durch die Wüste und über die Highways rennt, wurde er zum Helden einer Trickfilm-Serie und zum Namensgeber zahlreicher Restaurants und Shops an der Route 66: der Roadrunner (Rennkuckuck). Über 30 km/h ist er schnell. Er lebt im Südwesten zwischen Kalifornien und Texas und ernährt sich von Insekten und Schlangen.

Die Navajos siedelten zwischen dem 13. und 16. Jahrhundert im späteren Arizona. Sie fingen die herrenlosen Pferde der Spanier ein, die nach einem Indianeraufstand in Santa Fe geflohen waren,

Vor Flagstaff: Twin Arrows Truckstop

und wurden zu herumziehenden Räubern, die sich in einem Kleinkrieg gegen die verbliebenen Spanier aufrieben. Im Canyon de Chelly kam es zu einem Massaker, als der spanische Lieutenant Antonio Narbono 90 Krieger sowie 25 Frauen und Kinder grausam abschlachten ließ.

1846 fiel der mexikanische Teil des späteren Arizona an die USA, und die Navajos unterschrieben einen Friedensvertrag, der die amerikanische Armee aber nicht davon abhielt, zwischen 1846 und 1849 fünf Strafexpeditionen ins Land der Navajo-Indianer zu schicken. Die Navajos beugten sich den übermächtigen Amerikanern und griffen erst 1860 wieder zu den Waffen, als ein Häuptling aus dem Hinterhalt erschossen wurde.

Es kam zu einem blutigen Krieg, der erst drei Jahre später entschieden wurde, als Colonel »Kit« Carson die Ernten der Indianer vernichten, ihre Pferde und Schafe erschießen ließ. Ohne ihre Lebensgrundlage waren sie chancenlos. Sie wurden nach Fort Defiance getrieben und auf den langen »Marsch der Tränen« nach Bosque Redondo im östlichen New Mexico gebracht. In dem trockenen und unfruchtbaren Land starben sie wie die Fliegen. Erst viele Jahre später wurde ihnen erlaubt, nach Arizona zurückzukehren. Die entbehrungsreichen Jahre hatten ihr Durchhaltevermögen gestärkt und geholfen, ein neues Selbstbewusstsein zu entwickeln.

Skurrile Halteposten auf dem Weg nach Flagstaff

Westlich von Holbrook wird die Route 66 zur Wüstenpiste. Die Straße führt durch flaches Land, vorbei an einem hässlichen Kraftwerk und parallel zur Interstate, die schnurgerade den fernen Bergen zustrebt. Runter von der Straße geht es nur beim legendären »Jack Rabbit Trading Post«, einem Ramschladen, der seit 1949 besteht und von einem überlebensgroßen Kaninchen angekündigt wird. Ebenso skurril: der »Twin Arrows Truckstop«, auf dessen Parkplatz zwei

Vom Geier bewacht: Boutique in Sedonas Einkaufszentrum Tlaquepaque

Wallfahrtsort für Route-66- und Country-Fans: Museum Club in Flagstaff

Die Anasazi, Vorfahren der Navajos und Pueblos, entwickelten eine hochstehende Kultur und hatten ihre Blütezeit vor 1000 Jahren. In so genannten Cliff Dwellings (Felsenhäusern) schützten sie sich vor feindlichen Jägern. Sie kannten kein Metall und verarbeiteten Stein, Knochen und Holz zu kunstvollen Werkzeugen. Auf den Tafelbergen bauten sie Mais und anderes Gemüse an. In den runden Kivas beteten sie zu ihren Göttern. Einige Ruinen der Anasazi wie Montezuma Castle (Seite 74) blieben erhalten.

Laune der Natur: Mummy Cave im malerischen Canyon de Chelly von Nordost-Arizona

Ruine des Antelope House, einer Behausung prähistorischer Indianer, im Canyon de Chelly

meterhohe Indianerpfeile in den Himmel ragen. Dann geht es endlich in die Berge nach Flagstaff.

In der Stadt im Norden von Arizona leben zahlreiche Route-66-Fans, allen voran Martin Zanzucchi, der Besitzer des legendären Museum Club. Im größten Blockhaus von Flagstaff treten bekannte Country-Music-Stars auf. Seit die »Freunde der Route 66« mit einer Petition durchsetzten, dass die Santa Fe Avenue in der Innenstadt wieder »Route 66« heißt, blüht das Geschäft an der legendären Straße, die sich in Flagstaff viel von ihrem Flair erhalten hat und mit zahlreichen Motels, kitschigen Neonreklamen und bunten Werbetafeln das typische »Little America« verkörpert.

Zu sehen gibt es in Flagstaff nicht viel. Das Museum of Northern Arizona informiert über die Geschichte dieser Region – eher etwas für ausgesprochene Fans –, und im Lowell Observatory rühmt man sich, 1930 den Planeten Pluto entdeckt zu haben. Die meisten Besucher benutzen Flagstaff lediglich als Basis für eine Reise zum Grand Canyon oder in das nahe Red Rock Country.

Das »Land der roten Felsen« erreicht man über den Highway 89 A. Eine gewundene Asphaltstraße, die durch lichten Fichtenwald nach Süden führt, vorbei am »Slide Rock«, natürlichen Rutschbahnen im kühlen Fluss, und sich zwischen den malerischen Felswänden des Red Rock Country verliert. In diesem Land beeindrucken die Farben, bilden die Pappeln und Fichten grüne Flecken im Schatten der roten Felsen, spiegelt sich der Himmel im Grün des Flusses.

Luxus in den wilden Canyonlands: Sedona

Sedona ist das kommerzielle Zentrum im Oak Creek Canyon, ein zweites Santa Fe – vor allem während der Hochsaison im Sommer. Die Stadt bietet nach einer Fahrt durch die wilden Canyonlands den erhofften Luxus und liegt wie eine Insel in einer anmutigen Landschaft. Die Künstler lieben diese Stadt, weil das romantische Land sie inspiriert und das Licht auf den roten Felsen besonders schön ist. Den Touristenrummel nehmen sie in Kauf – immerhin werden in den zahlreichen Galerien horrende Preise bezahlt. In Tlaquepaque, einem mexikanisch angehauchten Einkaufszentrum, liegen Restaurants, Boutiquen und Galerien dicht nebeneinander. Viel Kunst gibt es, aber auch Kitsch, verspielte Mosaike und Springbrunnen.

Fantastische Aussichtspunkte im Red Rock Country

Außerhalb Sedonas lockt das Red Rock Country mit abgelegenen Aussichtspunkten im ehemaligen Indianerland. Wo alle Farben harmonieren, sich das Grün der Bäume vom Rot der Felsen und dem Braun des Bodens abhebt, scheinen die Steine im Abendrot zu glühen. Auf einem Felsen sitzen und die Sonne bestaunen, die rote Schleier über die Steine zieht. Picknicken an der »Red Rock Crossing«, der aus zahlreichen Westernfilmen bekannten Furt am Oak Creek. Allein deshalb lohnt ein Besuch. Über Cottonwood geht es nach Camp Verde, dem einstigen Fort aus den Apachenkriegen und nach Montezuma Castle, einem fünfstöckigen Felsenhaus der prähistorischen Anasazi-Indianer. Die Entdecker hielten das Cliff Dwelling für ein Aztekenwohnhaus und gaben ihm den Namen des mexikanischen Herrschers.

Immer noch ein sündiges Pflaster: die »Whiskey Row« in Prescott

Chromblitzender Chevy vor dem Kramladen der Prichards in Hackberry

Der Wilde Westen der Revolvermänner und Gesetzlosen wartet in Prescott, einer urwüchsigen Kleinstadt am Highway 89. An der Whiskey Row gibt es die Saloons immer noch, aber so richtig rund geht es nur wochenends und am 4. Juli, wenn das älteste Rodeo der USA in Prescott stattfindet. Aber einen Drink ist die Stadt immer wert, schon wegen der bezaubernden Umgebung mit wildromantischen Felsen und tiefen Wäldern.

Der Wilde Westen lebt! Viele Westernstädte halten in mehr oder weniger aufregenden Shows entlang der Route 66 den Mythos der amerikanischen Pionierzeit am Leben. Auch die Computer-Kids sind von Cowboys und Indianern begeistert. In Oatman sprechen jeden Nachmittag die Colts, wenn sich Revolvermänner (mit Platzpatronen) duellieren, und auch in Calico gehören Trapper und Cowboys zum Straßenbild.

Zu den besterhaltenen Ruinen der Anasazi gehört Montezuma Castle

Der Wilde Westen als Live Show in Williams

Fresslustige (und arg verflohte) Esel gehören zum Straßenbild von Oatman

Zum Grand Canyon fährt man wieder mit dem Dampfzug – in der historischen Grand Canyon Railroad. Die Fahrt ist gemütlich und erspart lange Wartezeiten am South Rim. »Wir ersticken unter der Touristenflut«, klagt der Ranger am Eingang, »vor allem im Sommer. Sagen Sie den Leuten, dass sie im Frühjahr oder Herbst fahren sollen, wenn der Ansturm nicht so groß ist, sonst müssen wir den Park irgendwann schließen!« Aber selbst während der Hochsaison kann man dem Menschenansturm entfliehen: auf dem Bright Angel Trail, der schon vor 2000 Jahren von prähistorischen Indianern benutzt wurde. Man folgt ihren unsichtbaren Spuren bis zum Colorado River, der am Ende des sieben Meilen langen Wegs durch den Canyon schäumt.

Gute 1000 Meter ragen die zerklüfteten Felswände in den Himmel empor. Schroffe Felsmassive, klobige Türme, mächtige Pyramiden und schillernde Nadeln – ein gigantisches Naturwunder. »Ein Marsch in den Grand Canyon ist wie eine Zeitreise durch die geologische Geschichte der Erde«, erklärt ein Ranger, »die obersten Gesteinsschichten sind 550 Millionen Jahre alt, die Felsen in der Inner Gorge gehören zu den ältesten Steinen der Erde.« Mehr über den Grand Canyon im HB-Bildatlas Special Nr. 68 »Las Vegas«.

Kulisse für bemerkenswerte Filme von John Ford

Hinter Seligman verliert sich die Route 66 in einem kargen und trostlosen Land. Zwischen den Felsen und dem Gestrüpp ist teilweise noch der originale Asphalt zu erkennen. In Hackberry, einer winzigen Siedlung in einem menschenleeren Tal, steht der Ramschladen eines ehemaligen Wanderpredigers. Lebhafter geht es in Kingman zu, weiter westlich. Man verweist auf die mächtige Dampflok in der Innenstadt, die sich ihren Ruhestand nach 2 585 600 Meilen redlich verdient hat. Im historischen »Beale Hotel« wohnte Regisseur John Ford, als er »Früchte des Zorns« mit Henry Fonda drehte. Eine ganze Straße wurde nach Andy Devine benannt, der in einem der berühmtesten Western von John Ford, »Stagecoach«, den Kutscher mimte.

In steilen Haarnadelkurven geht es hinauf in die Black Mountains, ein scheinbar unüberwindbares Hindernis für die meisten Model-T-Fahrer in den dreißiger Jahren, und nach Oatman, der Stadt der wilden Esel. Die hungrigen Biester streunen durch die Berge und kommen bis auf die Main Street, wo sie von vielen Besuchern gefüttert werden. In der ehemaligen Goldgräberstadt wurde der Wilde Westen aus der Versenkung geholt, und jeden Nachmittag sprechen auf der staubigen Hauptstraße wieder die Colts – mit dem Unterschied zu früher, dass die Kontrahenten nach erfolgter Schießerei wieder aufstehen.

Karte: Seite 112/113, Planquadrat D/E 4/5/6.

Unterkunft: **Holbrook** hat noch ein »Wigwam«-Motel (811 W Hopi Drive, Tel. 524-3048). Saubere Zimmer und freundlicher, aber langsamer Service im »Navajo Nation Inn« in **Window Rock** (48 W Highway 264, Tel. 871-4108, Fax 871-5466). Einfache Unterkünfte in der »Thunderbird Lodge« in **Chinle** beim Canyon de Chelly (P. O. Box 548, Tel. 674-5841, Fax 674-5844). Die traditionelle Behausung der Navajo-Indianerin Lorraine Nelson liegt im malerischen Goat Springs Valley bei **Fort Defiance** in der Nähe von Window Rock (Lorraine Nelson, P. O. Box 183, Fort Defiance, AZ 86504, Tel. 729-2543). Best Western »A Wayfarer's Inn« ist ein sauberes Highway-Hotel in **Kingman** (2815 E Andy Devine Avenue, Tel. 753-9608, Fax 753-9608). Das »Oatman Hotel« in **Oatman** wurde 1921 gebaut und stilgerecht restauriert (Main Street, Tel. 768-4408).

Sehenswürdigkeiten: Im **Petrified Forest National Park** rd. 20 Meilen vor Holbrook liegen versteinerte Baumstämme (im Sommer tgl. 7.30–17.30 Uhr, im Winter 8–17 Uhr, Tel. 524-6228). An der Grenze zu New Mexico liegt nördlich der I-40 **Canyon de Chelly National Monument**; in der langen Schlucht leben zahlreiche Navajo-Familien; ferner: White House Ruins und prähistorische Zeichnungen. An der I-17 findet man vor Camp Verde **Montezuma Castle National Monument** mit Felswohnungen der prähistorischen Sinagua. Zwischen Holbrook und **Winslow** der Jack Rabbit Trading Post (Tel. 288-3230); vor **Flagstaff** der Twin Arrows Truckstop (Exit 219).

Shopping: Viele Route-66-Memorabilia gibt es bei Julien's Roadrunner in **Holbrook** (109 W Hopi Drive, Tel. 524-2388). Angel Delgadillo verkauft Route-66-Souvenirs in einem kleinen Laden neben seinem Friseurgeschäft in **Seligman** (217 E Route 66, Tel. 422-3352). Ein weiterer guter Route-66-Shop liegt in **Kingman** (2947 E Andy Devine, Tel. 753-6466).

Information: Arizona Office of Tourism, 2702 N 3rd Street, Suite 4015, Phoenix, AZ 85004, Tel. 602-230-7733, Fax 240-5475; Historic Route 66 Association of Arizona, P. O. Box 66, Kingman, AZ 86402, Tel. 520-753-5001.

REISE-INFO *ARIZONA*

Flagstaff

Karte: Seite 112/113, Planquadrat E 5.

Anreise: Der kleine Flughafen wird von zahlreichen US-Airlines angeflogen; mehr Flüge zum intern. Flughafen in Phoenix, von dort über die I-17 nach Flagstaff.

Unterkunft: Die Best Western »Pony Soldier Lodge« ist das beste Motel an der verkehrsreichen Route 66 (3030 East Route 66, Tel. 520/526-2388, Fax 527-8329. Von dichtem Fichtenwald umgeben ist das luxuriöse »Little America Hotel« (2515 East Butler Avenue, Tel. 779-2741, Fax 779-7983).

Restaurants: Sandwiches und Snacks gibt es in »Charly's Pub & Grill« im historischen Weatherford Hotel (23 North Leroux Street, Tel. 779-1919).

Nachtleben: Der »Museum Club«, eine legendär als Honky-Tonk-Country-Barn, liegt an der historischen Route 66. Super-Tanzlokal, fast an jedem Abend Live-Musik. Weil früher hier Tiere ausgestopft wurden, wird der Club von den Einheimischen auch »The Zoo« genannt (3404 E Route 66, Tel. 526-9434).

Sehenswürdigkeiten: Im Museum of Northern Arizona werden die Geschichte und Kultur der Indianer gezeigt (3001 North Fort Valley Road, tgl. 9–17 Uhr, Tel. 774-5213).

Ausflüge: Mit dem Sessellift auf den höchsten Berg (3854 m) Arizonas: **Humphreys Peak**; Wandermöglichkeiten. Nur zehn Meilen östl. der **Walnut Canyon** mit altindianischen Siedlungen (über 240 Stufen erreichbar). Vulkanlandschaft fast im Urzustand im **Sunset Crater** Monument etwa 15 Meilen nordöstl. (letzter Ausbruch 1250). Bus der Navajo-Hopi-Lines oder ein Dampfzug der Grand Canyon Railway (Tel. 773-1610) ab Williams zum **Grand Canyon National Park**, einem der größten Naturwunder (mehr im HB-Bildatlas Special Nr. 68 »Las Vegas«).

Auf schweren Bikes durch Flagstaff

Information: Flagstaff Chamber of Commerce, 101 Route 66, Flagstaff, AZ 86001, Tel. 774-4505, www.flagstaffchamber.com; Flagstaff Convention and Visitors Bureau, 323 W Aspen Ave., Flagstaff, AZ 86001, Tel. 779-7611, Fax 556-1305, www.flagstaff.az.us.

Sedona

Karte: Seite 112/113, Planquadrat E 5.

Unterkunft: »Desert Quail Inn« ist für seine gemütlichen Zimmer bekannt, die Pools sind beheizt (6626 Highway 179, Tel. 284-1433, Fax 284-0847). Das luxuriöse »Enchantment Resort« liegt in einer spektakulären Landschaft; vier Pools, Tennisplätze, erstklassiger Service (525 Boynton Canyon Road, Tel. 282-2900, Fax 282-9249). In einem abgelegenen Canyon: die gemütlichen Holzhäuser des »Briar Patch Inn« (Star Route 3, Tel. 282-2342, Fax 282-2399).

Restaurants: Sehr gute mexikanische Küche wird im »Rincon del Tlaquepaque« serviert (Highway 179, Tel. 282-3104).

Sehenswürdigkeiten: Überwältigende Ausblicke hat man von den Aussichtspunkten im **Oak Creek Canyon** und dem **Red Rock Country**. Der Slide Rock ist eine natürliche Rutschbahn am Highway 89A. Red Rock Crossing an der Red Rock Loop Road bietet den von Westernfilmen vertrauten Anblick des **Cathedral Rock**. Die moderne Chapel of the Holy Cross ist in die Felsen eingebaut.

Shopping: Tlaquepaque ist ein Einkaufszentrum im mexikanischen Stil. Die Stadt ist bekannt für viele Kunstgalerien.

Information: Sedona-Oak Creek Chamber of Commerce, P. O. Box 478, Sedona, AZ 86336, Tel. 282-7722, www.sedonachamber.com. Info auch: www.sedonanet.com.

Seit einigen Jahren verkehrt ein historischer Dampfzug zwischen Williams und dem Grand Canyon

Verdiente Pause in Joe & Aggies Cafe

Flagstaff – für viele das »Basiscamp« für Reisen zum Grand Canyon

Origineller Wegweiser in Truxton

Joe & Aggies Cafe, ein Kultlokal an der Route 66 in Holbrook, Arizona, gehört zu den vielen mexikanischen Restaurants im amerikanischen Südwesten. Dort ist es ähnlich wie beim Chinesen: mit der originalen mexikanischen Küche hat das Essen nur noch wenig zu tun. Amerikanische und mexikanische Zutaten werden zum so genannten »Tex Mex Food« vermischt, das Texanern und Mexikanern schmeckt, beispielsweise Fajitas und Quesadillas.

»High Noon« am Nachmittag in der Western-Arena von Williams

Moderne Oasen mitten in der Wüste

Gr. Foto: Erfrischendes Bad nach der Wüstenfahrt: Pool des »Holiday Inn« in Palm Springs. Kl. Foto: Stachelige Teddy Bear Chollas im Joshua Tree National Park.

Ein kleines Abenteuer ist sie schon, die Fahrt durch die Mojavewüste von Südkalifornien – Mitteleuropa hat dergleichen nicht zu bieten. Da lohnt für eine luxuriöse Rast auch der Umweg über Palm Springs. In San Bernadino ist man dann Los Angeles schon ganz nah ...

Die meisten Leute hielten Frank Bogart für verrückt, als er 1927 im Herbst eine Rinderherde durch die Wüste trieb und sich entschloss, den Winter in einem Wüstenkaff zu verbringen. Das unscheinbare Nest hieß Palm Springs, und Frank war der erste Bürgermeister. Frank Bogart: »Ich gehörte zu den ersten Urlaubern, die nach Palm Springs kamen. Die Leute, die bei einer Hitze von knapp fünfzig Grad blieben, galten entweder als sehr tapfer oder als sehr verrückt.« Zu diesen Verrückten gehörte auch Albert Einstein, der 1928 nach Palm Springs kam und viel Werbung für die Stadt machte.

Zwanzig Jahre später gab es Klimaanlagen, und Palm Springs wurde zu einem Refugium für weltbekannte Filmstars wie Clark Gable, Humphrey Bogart, Ginger Rogers, Frank Sinatra und Bob Hope. »Damals hatte fast jeder Filmstar ein Ferienhaus in unserer Stadt«, erinnert Frank Bogart sich. Auch heute kommen die Stars zum Golfspielen nach Palm Springs,

In den Straßencafés von Palm Springs wird die Hitze mit künstlichem Sprühregen bekämpft

Schicke Shops am Palm Canyon Drive in Palm Springs

Weinprobe in der San Antonio Winery von Ontario, abseits der Route 66

Um 1930 baute Ex-Bürgermeister Frank Bogart den ersten 18-Loch-Golfplatz in Palm Springs – der Beginn eines Booms: »Auf einer Verkaufstour im Osten fragten mich alle, ob man in der Wüste auch Golf spielen kann. Klar, sagte ich und baute mit Johnny Dawson, dem weltbekannten Golfer, einen professionellen Platz. Von da an war die Entwicklung nicht mehr zu bremsen.« Heute gibt es über 100 Golfplätze in und um Palm Springs.

aber sie verstecken sich in privaten Clubs und tauchen selten auf der Straße auf.

Palmen auch in der Hauptstraße: Palm Springs

Palm Springs ist eine exklusive Oase inmitten der trostlosen Mojave-Wüste. Ein Fluchtpunkt für Route-66-Fans, die genug von Felsen, Asphalt und Sand haben und sich ein wenig Luxus gönnen wollen, bevor sie im Häusermeer von Los Angeles untertauchen. Nahezu 100 Golfplätze hat jemand in Palm Springs gezählt. Und über 600 Tennisplätze und 10 000 Swimmingpools. Zehntausend!

Wogende Palmen säumen den Palm Canyon Drive, eine mehrspurige Hauptstraße, die Palm Springs mit anderen Wüstengemeinden verbindet. Luxuriöse Hotelanlagen, exklusive Einkaufszentren und Boutiquen sowie ein Golfplatz nach dem anderen säumen den Boulevard. Das satte Grün der Golfplätze leuchtet zwischen dem Beton, an den schmiedeeisernen Zäunen der Luxusvillen ranken sich tropische Blumen empor. Das Wasser kommt aus einem unterirdischen Auffangbecken. Die Reserven sind so groß, dass in Notzeiten sogar L. A. daraus versorgt wird.

Außerhalb von Palm Springs wartet die Wüste. Wer sich einer Jeeptour in die umliegenden Canyons anschließt, erfährt von einem fachkundigen Guide, dass sie gar nicht so trostlos ist, wie die meisten Menschen glauben: Im Frühling leuchten gelbe Blüten an den Prickley-Pear-Kakteen, und an den dünnen Armen der Ocotillos zittern leuchtend rote Blätter. Einst brannten die Agua-Caliente-Indianer die Stacheln der Prickley-Pear- und Beavertail-Kakteen weg und bereiteten aus dem feuchten Fleisch einen schmackhaften Brei. Aus den Ocotillos fertigten sie wasserdichte Körbe. Die zerriebenen Blätter einiger Pflanzen besaßen heilende Wirkung. »Wenn man sich in der Wüste auskennt«, sagt der Guide, »dann kann einem überhaupt nichts passieren.«

Entspannende Fahrt auf dem Arrowhead Lake bei San Bernadino

Natürlich gibt es Klapperschlangen in der Wüste. Gefährlich sind die großen Diamondbacks, aber die verkriechen sich im Schatten und rasseln laut, wenn man ihnen zu nahe kommt. Vorsicht ist dennoch geboten. Nicht umsonst haben Cowboystiefel so hohe Schäfte. Die Hitze macht diesen Schlangen kaum etwas aus, auch Eidechsen, Dachse, Füchse und Kojoten lassen sich von der Sonne nicht vertreiben. Am besten hat sich die Kängururatte der unwirtlichen Natur angepasst: Sie lebt tief unter der Erde und kommt ganz ohne Wasser aus. Sie produziert das so genannte Stoffwechselwasser, das beim Verdauen durch die Produktion von Kohlendioxyd, Sauerstoff und Wasserstoff entsteht, und lebt davon.

Von den Pflanzen kämpft der Creosote am raffiniertesten um seinen Lebensraum. Der Busch verspritzt eine giftige Substanz, die andere Pflanzen auf Distanz hält. Beim Palo-Verde-Baum findet die Photosynthese am Stamm und auf den Ästen statt. Daher seine grüne Farbe. Im Frühling zeigt der Palo-Verde-Baum eine goldgelbe Blütenpracht.

Von den Kelso Dunes zum Joshua Tree National Park

Den spanischen Eroberern und amerikanischen Siedlern erschien die Mojave-Wüste wie ein unüberwindbares Hindernis. Sie reicht von der Sierra Nevada und den San Bernadino Mountains bis zur Grenze nach Nevada und wurde im Mojave National Preserve unter Naturschutz gestellt. Zu den spektakulärsten Anblicken gehören die Kelso Dunes, riesige Sanddünen, die bei Wind seltsame Geräusche von sich geben – hervorgerufen durch die extreme Trockenheit und die runden Sandkörner. Das Kelso Depot, ein historischer Bahnhof der Union Pacific, wurde 1924 errichtet. Ein ganzer Wald der skurril geformten Joshua Trees wächst am Cima Dome. Die Mitchell Caverns sind farbenprächtige Fel-

Riverside: Orangenbaum-Gedenkstein

senhöhlen, das sehenswerte Holeinthe-Wall ist eine dramatische Öffnung in einer rotbraunen Felswand.

Nördlich von Palm Springs liegt der Joshua Tree National Park. Die kakteenartigen Pflanzen sind mit den Yuccas verwandt und werden bis zu zwölf Meter hoch. Die Mormonen nannten die Yuccagewächse mit den abgewinkelten Armen Joshua Tree. Josua führte bekanntlich die Israeliten nach dem Tode Moses' ins verheißene Land. Auf einer Asphaltstraße geht es durch dichte Bestände dieser eigentümlichen Pflanzen und der Teddy Bear Chollas (Kakteen), die den trockenen Boden mit einem grünen Teppich bedecken. Klobige Felsen leuchten im Sonnenlicht. Im Hidden Valley gibt es Wanderwege ins Hinterland der Wüste.

Kühles Bier im Saloon der Geisterstadt

Die Route 66 führt weiter nach Westen. Scheinbar unbeeindruckt von der brennenden Hitze strebt sie der Pazifikküste entgegen. Einsame Salzseen flimmern in der endlosen Weite. Langweilige Wüstennester waren selbst während der goldenen Jahre der Route 66 nur Namen am Wegesrand. Viele Farmer, die in den 1930er-Jahren nach Kalifornien flohen, auf der Suche nach fruchtbarem Land, müssen in dieser trostlosen Einöde den Mut verloren haben. Selbst Barstow hat viel von seinem einstigen Glanz verloren. Gegen Ende des 19. Jahrhunderts, als Silber in den Bergen gefunden wurde, gab es 13 Saloons in der kleinen Stadt. Aus dieser Zeit hat auch Calico überlebt, östlich von Barstow. Die Geisterstadt wurde in ein Touristenzentrum verwandelt, lockt mit Kutschenfahrten und Ponyritten und einem kühlen Bier im Saloon.

In San Bernardino beginnt das »Orange Empire«, das Reich der Apfelsinen. Endlich wird das Land fruchtbarer und grüner. In San Bernadino erinnert das California Theater an die großen Zeiten von Hollywood. In dem historischen Kino mit der verspielten Fassade und den roten Samtvorhängen wurden »Sneak Previews« vieler berühmter Hollywoodfilme gezeigt, und Will Rogers, der legendäre Volksheld und Humorist aus Oklahoma, gab dort seine letzte Vorstellung.

»The Venetian« – Las Vegas gibt sich europäisch

Im »Bagdad Cafe« von Newberry Springs in Nostalgie schwelgen

»Little John Wayne« in Calico muss noch etwas üben

Von Kingman (Arizona) nach Las Vegas (Nevada) – der Abstecher für Route-66-Urlauber kommt manchmal teuer zu stehen. Zwar sind Hotels und Restaurants relativ preiswert, aber kaum einer kann sich der Faszination des Glücksspiels entziehen. Doch aufgepasst: Nur einer von zehn Besuchern gewinnt, die anderen kehren mit leeren Taschen nach Hause zurück. Früher lockte man mit Shows – besonders empfehlenswert: Siegfried & Roy –, heute sind die Hotels selbst die Show.

Joshua Trees in ihrem Nationalpark

Casinos nicht nur als Boote – in Laughlin schießen auch Casino-Hotels aus dem Boden (unten)

»Do it in a tepee!« heißt die unmissverständliche Aufforderung vor dem historischen »Wigwam Motel« in Rialto, neben dem »Wigwam Court« noch die einzige Herberge dieser Art an der Route 66. In Fontana stehen keine Wigwams, aber einige der alten Motels mit so klangvollen Namen wie »Ken-Tuck-U-Inn«, »Rose Motel« und »Sand & Sage«. Schlafen sollte man dort nicht mehr. In Rancho Cucamonga, einer kleinen Stadt in den Ausläufern der San Gabriel Mountains, findet man das »New Kansan Motel« und die Ruinen einer verfallenen Tankstelle aus den zwanziger Jahren. In den Thomas Vineyards, die seit 1839 bestehen, wird immer noch Wein angebaut. Im Route 66 Territory Museum wird die Geschichte des Ortes und der Straße erzählt.

Nostalgischer Blick auf die fünfziger Jahre

Ältere Semester fühlen sich auf dem Foothills Boulevard, wie die Route 66 zwischen San Bernadino auch genannt wird, in ihre Jugend versetzt. Der McDonald's in Upland sieht noch genauso aus wie in den fünfziger Jahren, und in Irwindale gibt es noch ein echtes Autokino, das »Foothill Drive-In Theater«. Zur Blütezeit der Route 66 war das Kino jedes Wochenende mit Kids gefüllt, die Hamburger und Hot Dogs verspeisten und die Dinge taten, die Mom und Dad ihnen zu Hause verboten hatten. Heute hat das Kino allenfalls nostalgischen Wert, und in den Filmen wird heutzutage ja weit mehr gezeigt als das, was damals nur hinter verschlossenen Türen erlaubt war.

Vorbei am Ontario Truckstop, einem der größten und geschäftigsten Truckstops, geht es nach L. A. hinein. Die Route 66 verliert sich in Pasadena und den anderen Vororten der Stadt.

Karte: Seite 112/113, Planquadrat D/E/F 1/2/3.

Unterkunft: Einfach und preiswert ist »Holiday Inn« in **Barstow** (1511 E Main Street, Tel. 760-256-5673). Große Betten sind das Plus im Best Western »Desert Villa Inn« ebenfalls in Barstow (1984 Main Street, Tel. 256-1781). Helle Zimmer und einen beheizten Pool hat »La Quinta Inn« in **San Bernadino** (205 E Hospitality Lane, Tel. 909-888-7571, Fax 884-3864). Ein Abstecher nach Nevada (denn nur dort und auf den Indianerreservationen ist in den USA das Glücksspiel erlaubt) führt nach **Laughlin** ins »Ramada Express Hotel Casino« (2121 South Casino Drive, Tel. 702-298-4200, Fax 298-2112).

Sehenswürdigkeiten: Gleich hinter der Arizona-Grenze lohnt ein Abstecher nach Nevada: nach **Las Vegas**, wenn die Zeit reicht, und sonst nach **Laughlin**, einer aufstrebenden Grenz- und Spielerstadt mit einer ganzen Reihe von (noch preiswerten) Hotel-Casinos. Siehe HB-Bildatlas Special Nr. 68 »Las Vegas«. Im **Mojave National Preserve** steht die kalifornische Wüste unter Naturschutz, sehenswert sind die Kelso Dunes, wandernde Dünen (Mojave Desert Information Center, 72157 Baker Boulevard, Baker, CA 92309, Tel. 760-733-4040). **Calico** ist eine ehemalige Geisterstadt mit Western-Unterhaltung (P. O. Box 638, Yermo, CA 92398, tgl. 9–17 Uhr, Tel. 254-2122). In **San Bernadino** steht das California Theater (562 Fourth Street). In **Rialto** gibt es noch einen historischen Wigwam Court. Die **Ontario** Mills Mall ist ein riesiges Entertainment Center.

Information: California Trade & Commerce Agency, Division of Tourism, 801 K Street, Suite 1600, Sacramento, CA 95814, Tel. 916/322-28 81, Fax 322-34 02, http://gocalif.ca.gov. California Historic Route 66 Association, 2127 Foothill Boulevard, La Verne, CA 91750, www.wemweb.com/chr66a.html.

Palm Springs

Karte: Seite 112/113, Planquadrat F 2.

Anreise: Der Palm Springs Municipal Airport liegt direkt am Highway 111 und bedient auch die Städte Desert Hot Springs, North Palm Springs, Cathedral City, Rancho Mirage, Thousand Palms,

Palm Desert, Indian Wells, La Quinta und Indio, die mit Palm Springs zu einer riesigen Resort City verwachsen sind. Von Los Angeles erreicht man Palm Springs über die Interstate 10. Die Eisenbahnzüge, Amtrak, halten in Palm Springs (North Indian Avenue, südlich der I-10). Die Busstation von Greyhound befindet sich am 111 N Indian Canyon Drive.

Unterkunft: Am Fuße der San Jacinto Mountains liegt die luxuriöse Hotelanlage des »Marquis« mit Pools, Tennisplätzen und sehr geschmackvoll eingerichteten Zimmern (150 South Indian Canyon Drive, Tel. 760/322-2121, Fax 322-4365). Inmitten einer weitläufigen Golfanlage und gepflegter Gärten wurde das »Marriott's Rancho Las Palmas Resort« angelegt (4100 Bob Hope Drive, Rancho Mirage, Tel. 568-2727, Fax 568-5845). Mit geräumigen Suites, vier Pools, zwei Golf- und zwölf Tennisplätzen lockt das »Hyatt Grand Champions Resort« (44600 Indian Wells Lane, Indian Wells, CA 92210, Tel. 760-341-1000, Fax 674-4382, E-Mail: sales@champpo.hyatt.com). Von einer Verwandten des Buffalo Bill Cody wurde der gemütliche »Casa Cody Country Inn« gebaut (175 South Cahuilla Road, Tel. 320-9346, Fax 325-8610). In den heißen Quellen des »Two Bunch Palms« erholten sich nach Al Capone bekannte Filmstars (67425 Two Bunch Palms Trail, Desert Hot Springs, Tel. 329-8791, Fax 329-1317).

Restaurants: Ländliche französische Küche wird bevorzugt im stimmungsvollen »La Provence« (254 Palm Canyon Drive, Tel. 416-4418). Gerichte der Mayas und Azteken stehen auf der Karte von »Edgardo's Cafe Veracruz« (494 N Palm Canyon,

Riverside: »Mission Inn Garden« mit Palmen-Pool

Tel. 360-3558). Die beste Aussicht auf das Wüstental und hervorragende Grillgerichte genießt man im »La Quinta Cliffhouse« (78250 Calif. 111, La Quinta, Tel. 360-5991). Griechische Küche in rustikaler Umgebung, eine willkommene Abwechslung zum edlen Palm Springs im »Mykonos« (139 Andreas, Tel. 322-0223).

Nachtleben: »Madaio's Cafe St. Tropez« ist ein erstklassiger Jazz-Club in Palm Desert (72830 El Paseo, Tel. 3461139). Zwei Dance Floors und zwei Bands im »Touché Nightclub« in Rancho Mirage (42250 Bob Hope Drive, Tel. 773-1111). Zu den größten Sportsbars gehört die »Spare Time Sportsbar« in Cathedral City (68051 Ramon Road, Tel. 324-8204).

Sehenswürdigkeiten: In 20 Minuten von der Wüste in den Schnee fährt man (im Winter) mit der Palm Springs Aerial Tramway (Tramway Road, Mo–Fr 10–20 Uhr, Sa, So 8–20 Uhr, Tel. 325-1391). Desert Adventures fährt mit roten Jeeps durch die Wüste und die Indian Canyons (38225 South Palm Canyon Drive, Tel. 346-5694, www.livingdesert.org). Die Indian Canyons sind eine Wüstenlandschaft mit tiefen Schluchten und üppiger Vegetation (South Palm Canyon Drive, im Sommer geschlossen, Tel. 325-5673). Aus der Nähe betrachten kann man die Flora und Fauna der Wüste auch in The Living Desert Wildlife and Botanical Park in Palm Desert (47900 Portola Avenue, Tel. 346-5694).

Shopping: Preiswerte Markenware direkt ab Fabrik kauft man in den Desert Hills Premium Outlets in Cabazon (48400 Seminole Drive, Tel. 909/849-6641). Der »Rodeo Drive« des Wüstentals heißt El Paseo, eine Einkaufsstraße in Palm Desert mit exklusiven Boutiquen.

Ausflüge: Vierzig Meilen nordöstlich von Palm Springs liegt der **Joshua Tree National Park** in traumhafter Wüstenlandschaft. Am Haupteingang in Twentynine Palms liegt das Oasis Visitor Center.

Information: Palm Springs Desert Resorts Convention & Visitors Bureau, 69930 California 111, Suite 201, Rancho Mirage, CA 92270, Tel. 760-770-1992, www.desert-resorts.com. Die offizielle und sehr informative Website des kalifornischen Fremdenverkehrsamtes lautet http://gocalif.ca.gov.

Mitten in der Wüste bei Las Vegas: Lake Mead bietet kühles Wasser für Boote aller Art

Ein Großteil der kalifornischen Wüste steht unter Naturschutz

Calico ist bereit für viele motorisierte Gäste

Hier wird in Luxus geschwelgt: Palm Canyon Drive in Palm Springs

Vorsicht bei einer Fahrt oder Wanderung durch die Mojave- oder andere Wüsten: Niemals ohne ausreichenden Wasservorrat aufbrechen! Die Ranger der Nationalparks empfehlen vier Liter pro Tag! Kühlwasser kann z. B. im Death Valley an besonders gekennzeichneten Tanks am Straßenrand nachgefüllt werden. Bei einer Panne die Motorhaube hochklappen und auf den nächsten Wagen oder einen Ranger warten, niemals ziellos in die Wüste wandern!

In Amboy lauert die Highway Patrol

Wilson

Kein Smog, kein Stau an Pazifikstränden

Fotos: Venice Beach ist das Revier der Selbstdarsteller – ob beim Basketball oder mit Handtäschchen auf dem Rad.

Am Pazifik endet die Route 66. Los Angeles, die Über-zehn-Millionen-Stadt, begeistert, trotz unübersehbarer Verkehrsprobleme, immer wieder ihre Besucher. Es sind vor allem »Badeorte« wie Long Beach, Malibu oder Santa Monica, deren Attraktivität eher noch wächst. Und Venice Beach; hier muss man gewesen sein, um einmal die Muskelmänner und gestylten Frauen gesehen zu haben.

In Pasadena verliert sich die Route 66 im Häusergewirr der Vorstädte. Über die Interstate geht es nach Los Angeles hinein und auf dem Santa Monica Boulevard zur Pazifikküste nach Santa Monica. Keine Spur mehr von Little America. Die Route 66 verliert ihre Unschuld und wird von L. A. verschluckt, das sich wie ein Geschwür an der Küste ausbreitet und von einem Netz mehrspuriger Freeways durchzogen wird, die den riesigen Moloch aus Beton und Glas am Leben erhalten.

Nach den ruhigen Abschnitten in New Mexico und Arizona erschrickt der Reisende zunächst und gewöhnt sich nur widerwillig an das rasante Tempo, das in dieser Metropole vorherrscht. Selbst im Radio sprechen sie schneller. Beinharter Rock und rhythmischer HipHop dröhnen aus den Lautsprechern und schaffen den Soundtrack für eine Fahrt durch die legendäre Stadt mit den zwei Buchstaben. Die Leute leben auf der Straße, auf den Freeways, auch wenn es dort nur im Stop-and-Go-Tempo vorangeht.

»Kein Architekt hat jemals die Verantwortung für dieses Unheil übernommen«, lästerte die »Los Angeles Times« über ihre eigene Stadt. Wer sich im Wirrwarr der Straßen und Interstates zurechtfinden will, braucht einen Beifahrer, der ständig eine Straßenkarte auf den Knien liegen hat, oder ein gutes Namens- und Zahlengedächtnis, denn alle Freeways haben Namen und Zahlen, und nur wer sich beides merkt, hat eine Chance, sein Ziel zu erreichen. Über zwei Stunden braucht man von einem Ende der Stadt zum anderen. Vorausgesetzt, die Freeways sind nicht verstopft, und das kommt selten vor. Los Angeles hört nirgendwo auf, ist ein endloses Häusermeer, und eigenständige Vororte wie Pasadena, Santa Monica und Long Beach werden immer dazugehören.

Downtown Los Angeles ist an den gläsernen Wolkenkratzern zu erkennen, die an einem Kreuzungspunkt zahlreicher Freeways aus dem Häusermeer ragen. Keine Skyline im eigentlichen Sinne, eher der schüchterne Versuch, so etwas wie einen Stadtkern zu erzeugen. Dabei hat man in den letzten Jahren viel getan, um die Attraktivität der Innenstadt zu erhöhen: großzügige Parks, neue Luxushotels, Einkaufszentren und Museen.

Olvera Street: Mexikanische Musiker besingen die spanische Vergangenheit von Los Angeles

Downtown: Touristenrummel und ein modernes Museum

Das Zentrum des alten Los Angeles, das 1781 als »El Pueblo de Nuestra Senora La Regina de Los Angeles« gegründet wurde, lebt in der Olvera Street weiter, der Hauptstraße der »Stadt der Engel« – heute ein Touristenzentrum mit Imbissbuden und Verkaufsständen. Lediglich die

Mann's Chinese Theater in Hollywood

Aus Filmen bekannt: der bezaubernde Blick vom Griffith-Observatorium auf die Stadt

Musik der »mariachis« erinnert noch an die spanische Gründerstadt, ansonsten ist hier Nepp angesagt. Die Union Station in der Alameda Street, 1939 erbaut und heute wichtiger Knotenpunkt der Metro und Eisenbahn, zeigt wieder den Glanz großer amerikanischer Bahnhöfe, weshalb hier öfter aufwendige »events« begangen werden.
Authentischer als in der Olvera Street lebt die spanische Gründerzeit im Rancho Los Alamitos und der Mission San Fernando weiter. Das moderne Zeitalter wird durch die gläsernen Zylinder des Bonaventure Hotel symbolisiert. Das Museum of Contemporary Art fällt architektonisch aus dem Rahmen: Die roten Sandsteingebäude ragen aus einer skurrilen Betonwüste und beherbergen moderne und postmoderne Kunst. Die City Hall war das »Daily Planet«-Gebäude im Kultfilm »Superman«.

Neuer, alter Glanz auf dem Hollywood Boulevard

Über den Hollywood Freeway nach Norden, auf den legendären Hollywood Boulevard. Der berühmte Stadtteil war zu einem billigen Vergnügungszentrum mit Sexshops und Massagesalons verkommen, ist aber auf dem besten Wege, seinen alten Glanz zurückzugewinnen. Am Chinese Theater ahnt man noch etwas von dem Trubel, der zu Zeiten von Clark Gable und Rita Hayworth geherrscht haben muss. In dem chinesisch angehauchten Prachtkino fanden die Premieren legendärer Hollywood-Filme statt. Vor dem Kino haben sich welt-

An der Hope Plaza wachsen die Hochhäuser fast in den Himmel

Hier macht Warten fast Spaß: die Union Station in der Innenstadt

Der kalifornischen Jugendwahn begann in der 1960ern, als die Beach Boys von Freiheit und Fun sangen. Der Traum der Grateful Dead sah anders aus: Die Mitglieder der Hippie-Kommune komponierten im LSD-Rausch minutenlange Mammutwerke. Die Eagles und Jefferson Airplane begleiteten den kalifornischen Traum eher kritisch. Nur kommerziell und laut waren Guns 'n' Roses, die Kultband der neunziger Jahre.

Perfektes Styling am Venice Beach

berühmte Stars mit ihren Hand und Fußabdrücken im Zement verewigt. Die Idee hatte Besitzer Sid Grauman, als ein Star während der Bauarbeiten zufällig in den frischen Zement trat. Es gibt sie noch, die Glitzerwelt des alten Hollywood mit den prachtvollen Palmenalleen und Villen. Aber der Glanz bröckelt, weil viele Stars nach Montana oder Wyoming gezogen sind. Die Stadtpläne mit den »Homes of the Stars« sind meist nicht mehr aktuell.

Geld spielt keine Rolex: Wo Reichtum das Normale ist

Nur in Bel Air und Beverly Hills ist die Welt noch in Ordnung. Wer über den Sunset Boulevard nach Westen fährt, lernt ein anderes Los Angeles kennen, sieht wogende Palmen und blühende Gärten. Fast jede Villa hat ihren eigenen Swimmingpool und Tennisplatz. Überall Mauern und versteckte Kameras. Im

Suzie Wong meets Lederstrumpf ...

»Beverly Hills Hotel« sollte man wenigstens einen Drink nehmen, so wie die Monroe während ihrer Glanzzeit.
Am Rodeo Drive wird geprotzt, parken Ferraris und Porsches vor den Edelboutiquen der europäischen Nobelmarken. In den Straßencafés werden Cappuccino und San Pellegrino serviert. Europa ist angesagt bei den Schönen und Reichen. Für den Normaltouristen bleibt es ohnehin beim Window Shopping – selbst die Edelwaren sind bei uns billiger.

Die beste Aussicht auf Los Angeles hat man vom Planetarium (war Kulisse in »... denn sie wissen nicht, was sie tun« mit James Dean und Natalie Wood) im berühmten Griffith Park. Der Blick streift die Filmstudios, in denen immer noch gedreht wird, und geht über das Häusermeer bis zum Pazifik. Abends beeindruckt ein flackerndes Lichtermeer. Von dort sieht man auch die großen Hollywood-Buchstaben, die zu einem Markenzeichen für den berühmten Stadtteil geworden sind. 1923 hatte dort »Hollywood Land« gestanden und sollte auf eine Immobilienfirma aufmerksam machen. 1945 fiel das »Land« weg, der Rest blieb als viel fotografiertes Wahrzeichen bestehen.

In Long Beach auf einem Oceanliner übernachten

Über den Pacific Coast Highway geht es nach Long Beach, einem der interessantesten Vororte von Los Angeles, eigentlich eine eigenständige Stadt, aber das wissen die wenigsten. Hier vertauschen selbst eingefleischte Route-66-Fans die Corvette oder Harley mit einer luxuriösen Kabine auf der »Queen Mary«. Sie war schneller, größer und luxuriöser ausgestattet als alle anderen Passagierschiffe. Auf ihr fuhren prominente Leute wie Winston Churchill, Fred Astaire, Clark Gable oder Stan Laurel und Oliver Hardy. Der »Titanic« hat sie etwas Entscheidendes voraus: Sie ist unsinkbar! Fest verankert wie eine Bohrinsel und durch dicke Ketten mit dem Festland verbunden, liegt der Oceanliner vor Long Beach.

Seit 1967, als die ehrwürdige Lady von den ersten Großraumflugzeugen überholt wurde, gehört die »Queen Mary« zu den ungewöhnlichsten Hotels der Welt. Die luxuriös eingerichteten Staterooms sehen noch genauso aus wie vor sechzig Jahren. Und wenn man ein bisschen Fantasie besitzt und die Augen schließt, wird das Summen der Klimaanlage zum Stampfen der Maschinen ...

Auf der Fahrt nach Long Beach bleibt der Smog im eigentlichen Los Angeles zurück. Selbst auf dem Long Beach Freeway, im endlosen Häusermeer, spürt man die Nähe des Pazifik. Von wegen, Long Beach ist ein Vorort von L. A.! Die Interstate endet in der fünftgrößten Stadt Kaliforniens. Freilich: Die Innenstadt besteht nur aus ein paar Straßenzügen, von einer Stadt ist kaum etwas zu spüren.

Long Beach verteilt sich auf romantische Vororte, hat den Charakter eines Seebades nie verloren. Eine Urlaubsstadt, die nach L. A. wie ein Kurort anmutet. Long Beach riecht nach Meer, lockt mit exklusiven Hotels und weiten Sandstränden, ein idealer Fluchtpunkt für gestresste Großstädter. Das wussten schon Clark Gable und Carol Lombard, die hier Urlaub machten, und Elizabeth Taylor, die im ersten Hilton (heute das »Breakers«) der Westküste ihre ersten Flitterwochen verbrachte – ihr Mann hieß Nicky Hilton und war der Sohn des legendären Hotelgründers.

Schon zur Stummfilmzeit, als es noch kein Hollywood gab und die ersten Studios in Long Beach gebaut wurden, parkten am Ocean Boulevard die Limou-

Hermosa Beach

Am Muscle Beach zeigen, was man hat

Venice Beach gehört der Jugend – immer noch! Freilich auch jenen, die alle Anstrengungen unternehmen, zu den jung Gebliebenen zu gehören ... In den Sixties brachten kalifornische College Kids hier neue Freizeitmoden wie Aerobic und Frisbee-Werfen unter die Leute, später tauchten Skateboard-Artisten und Inline Skaters in Venice auf. Zu den Klängen der Beach Boys reckten Strandjungen ihre muskulösen Körper, und schlanke Blondinen versuchten, sich in die Herzen von Fotografen und Produzenten zu lächeln.

Ob Haut oder Wände – er hat gern alles gemustert

sinen der Stars. Heute kommen viele Urlauber Zeit sparend mit der Metro. Zu Beginn des 20. Jahrhunderts, als Öl auf dem nahen Signal Hill gefunden wurde, war Long Beach die am schnellsten wachsende Stadt der USA. Nicht mal das große Erdbeben von 1933 konnte den Boom aufhalten. Die Innenstadt wurde im Art-déco-Stil wieder aufgebaut, an der Pine Avenue entstanden Restaurants, Boutiquen und Nachtclubs, und der acht Kilometer lange Strand wurde zum »Coney Island of the West«.

Abwärts ging es in den fünfziger Jahren, als die Pazifikflotte verlegt wurde. 1967 brachte die »Queen Mary« neuen Aufschwung. Milliardensummen wurden in die Wiederbelebung der Innenstadt gepumpt. In ein riesiges Convention & Entertainment Center, in die Renovierung des Cooper Arms Building mit seinen vertäfelten Wänden und Bronzetüren, in das Ocean Center Building und das »Breakers«. Seit 1990 fährt auch die Bahn wieder: Die Blue Line der neuen Metro verbindet die Union Station von Los Angeles mit Long Beach.

Nur nichts verpassen – auch beim Skaten

Santa Monica Pier: Jahrmarkt auf Stelzen

Romantischer Platz in blauer Bucht – »Queen Mary«

Von der Haltestelle sind es nur ein paar Schritte bis zum Meer. Der Pazifik leuchtet dunkelblau zwischen den Hochhäusern, auf der anderen Seite der Queensway Bay leuchten »Queen Marys« rote Schornsteine. »Auf dem Schiff hab ich meinen ersten Kuss bekommen«, kichert die hübsche Bedienung im »Omelette

J. Paul Getty Center – der Musentempel gehört zu den beliebtesten in L.A.

Neues Eldorado für Kunstfreunde ist das J. Paul Getty Museum in Malibu mit einer der wertvollsten Privatsammlungen der Welt. Bereits die kühne Architektur des Gebäudes ist einen Besuch wert. In den 38 Galerien des Museums sind erlesene Kunstwerke ausgestellt, wie etwa eine 4000 Jahre alte Figur aus Zypern, die zwei Meter hohe Marmorfigur des Herakles, auf Holz gemalte Mumienporträts aus Ägypten und zahlreiche Skulpturen aus der griechischen und römischen Antike. Unter den ausgestellten Gemälden sind auch Bilder von Rembrandt und Monet.

Über den nächtlichen Sunset Boulevard mit den riesigen billboards geht es nach Santa Monica

Malibu Beach: Die starken Jungs von der Lebensrettung gucken nach den Surfern

Inn«, dem besten Frühstückslokal der Stadt, »leider sah der Typ nicht so wie Leonardo aus!«

Besucher fahren gern mit den Bikes, die an der Haltestelle vermietet werden, den Beachside Bike Path an der Stadt entlang. Links die moderne Skyline, rechts das Meer. Weiße Segel schwanken vor dem dunklen Rumpf der »Queen Mary«. Sonnenschein, prima Klima, die entspannte Lebensweise der Californians – das Leben scheint so easy going ...

Erster Pflichtstop: Das »Long Beach Aquarium of the Pacific«, eines der größten seiner Art, mit über zehntausend Meeresbewohnern. Zweiter Pflichtstop: Shoreline Village, die Nachbildung eines alten Fischerdorfes mit Restaurants und interessanten Boutiquen.

»O Sole Mio« schallt es über Naples Island. Die Insel liegt am Ende der Second Avenue, mitten in Long Beach, und der Gondoliere singt mit sehr amerikanischem Akzent. Das amerikanische Neapel liegt an der Küste von Long Beach. Seit 1981 gehört »Gondola Getaway« zu den beliebtesten Attraktionen der Stadt, besonders bei Liebespaaren. Der Gondoliere freut sich am meisten, wenn Touristen aus Venedig vor seinen Gondeln stehen bleiben und in lautes Gelächter ausbrechen. Dann holt er grinsend den Silberpokal hervor, auf dem unmissverständlich und in italienischer Sprache steht, daß sein US-Team das traditionelle Gondelrennen in Venedig gewonnen hat. Wer zuletzt lacht ...

Santa Monica: das letzte Stück der Route 66

Die historische Route 66 folgt dem geschäftigen Santa Monica Boulevard nach Westen, geht im unübersichtlichen Gewirr der Geschäfts- und Apartmenthäuser unter. Wesentlich schöner ist die Fahrt über den gewundenen Sunset Boulevard durch Beverly Hills, vorbei an den Sportplätzen der University of California und den blühenden Gärten der Luxushäuser.

Ein Abstecher führt durch die Santa Monica Mountains nach Malibu mit seinen Surfstränden und den versteckten Canyons im Hinterland, bevor man am Meer entlang nach Santa Monica zurückfährt. Die Fahrt über die Küstenstraße, rechts der Pazifik mit seinen schäumenden Wellen, links Restaurants, Läden und Motels, wird nur werktags zum Vergnü-

Schwimmendes Hotel: Der ehemalige Luxusdampfer »Queen Mary« liegt in Long Beach vor Anker

gen, wenn die sportsüchtigen Surfer im Büro oder in der Schule schwitzen.

Wie aus alter Zeit: Kommerz und Entertainment auf dem Pier

Der berühmte Santa Monica Pier wurde 1909 gebaut und vor einigen Jahren renoviert. Sogar das hölzerne Karussell dreht sich noch, so wie in dem Film »The Sting« (»Der Clou«) mit Paul Newman und Robert Redford. Ansonsten ist Kommerz auf dem hölzernen Plankensteg angesagt: Imbissbuden, Fun Rides, Spielautomaten, dazwischen Straßenkünstler und schräge Musik, Dreißiger-Jahre-Nostalgie und aktueller Schnickschnack. Den besten Eindruck macht der Pier, wenn die bunten Lichter aufflammen.

Drei Straßen weiter, auf der Third Street Promenade zwischen Broadway und Wilshire Boulevard, lockt eine Fußgängerzone mit den Geschäften der üblichen Filialisten und ausgesuchten Läden. Im »Mayhem« gibt es (teure) Sammlerstücke von Bon Jovi und anderen Rock-Größen, in dem »Midnight Special Bookstore« hört man ausgeflippten Autoren und Poeten zu. Strandjungen gehen zu »Horizons West« in der Main Street, dort werden ausgesuchte Surfbretter für die perfekten Pazifikwellen angeboten.

Im Palisades Park, am Strand von Santa Monica, endet die Route 66. Eine nüchterne Tafel markiert das Ende der legendären Straße, der »Glory Road«, der »Mother Road«, der »Main Street, USA«, des glorreichen Highways, von dem heute noch erstaunlich viele Menschen in aller Welt träumen.

Im »Aquarium of the Pacific« in Long Beach

Santa Monica,Ocean Drive:»The Georgian Hotel«

Einmal in einer Corvette oder auf einer Harley über die Route 66 fahren. In einem »Wigwam Court« schlafen, im Diner oder Drive-In essen und das wahre Amerika kennen lernen. Abseits der kreuzungsfreien Interstates einen Gang zurückschalten und im Tempo der vierziger und fünfziger Jahre die USA erkunden. Den Alltag vergessen und den Mythos einer Straße erleben, die es gar nicht mehr geben dürfte. »Get your kicks on Route 66« singen und fahren, um unterwegs zu sein ...

REISE-INFO
LOS ANGELES

Karte: Seite 112/113, Planquadrat E/F 1.

Anreise: Die Lufthansa fliegt täglich von Deutschland nach Los Angeles. Mit amerikanischen Linien wie Delta, American und United Airlines bestehen Umsteigeverbindungen. Der Los Angeles International Airport (LAX) gehört zu den größten Flughäfen der Welt; er liegt im Westen der Stadt (I-405). Ohne Mietwagen ist man in der Riesenstadt verloren. Die Züge von Amtrak halten in der historischen Union Station, die Busse von Greyhound an der 1716 E Seventh Street östlich der Alameda.

Unterkunft: Saubere und zweckmäßig eingerichtete Zimmer, Frühstück inklusive, findet man im »Holiday Inn Express« in Hollywood (1520 N La Brea, Tel. 323-464-3243, Fax 463-8115). Renovierte 50er-Jahre-Pracht: »Avalon« (9400 Olympic Boulevard, Tel. 310-277-5221, Fax 277-4928, www.srs-worldhotel.com). Immer noch angesagt: der pinkfarbene Palast des »Beverly Hills Hotel« in Beverly Hills (9641 Sunset Blvd., Tel. 310-276-2251, Fax 281-2905). »Malibu Beach Inn« ist ein gemütliches Strandhotel im Prominenten-Vorort Malibu, jedes Zimmer hat einen Balkon (22878 Pacific Coast Highway, Tel. 456-6444, Fax 456-1499). Gegenüber von dem Santa Monica Beach liegen die modern eingerichteten Suiten vom »Hotel Oceana« (849 Ocean Avenue, Tel. 393-0486, Fax 458-1182, www.hoteloceanan.com). Das »Shutters on the Beach« in Santa Monica gehört zu den luxuriösesten Strandhotels von L. A. (1 Pico Boulevard, Tel. 458-0030, Fax 458-4589). Im »Venice Beach House« in Venice, einem Privathaus von 1911 mit kleinen Zimmern, treffen sich Künstler und Alt-Hippies (15 30th Avenue, Tel. 823-1966, Fax 823-1842). Der »Courtyard by Marriott« ist ein preiswertes Hotel am Jachthafen Marina del Rey in Los Angeles (13480 Maxella Avenue, Tel. 822-8555, Fax 823-2996). Die »Queen Mary«, zu ihrer Zeit schneller, größer und luxuriöser als die meisten anderen Schiffe, gehört zu den ungewöhnlichsten Hotels der Welt und liegt vor Long Beach (1126 Queens Highway, Tel. 562-435-3511, Fax 432-7674). Das »Pacifica Host Hotel« ist ein außerhalb der Stadt gelegenes Mittelklassehotel mit lärmgeschützten Zimmern und Suites (1133 Atlantic Avenue, Tel. 590-8858, Fax 442-1688. Ein zentral gelegenes Luxushotel mit allen Annehmlichkeiten ist das »Renaissance Long Beach Hotel« in Long Beach (111 E Ocean Blvd., Tel. 562-437-59 00, Fax 562-499-2512).

Restaurants: Im »Spago«, dem führenden Gourmet-Tempel des österreichischen Sterne-Kochs Wolfgang Puck und Stammlokal von Arnold Schwarzenegger in Hollywood, wurden die berühmten Designer-Pizzas mit Kaviar erfunden (1114 Horn Avenue West, Tel. 310-652-4025). Das »Matsuhisa« ist eines der besten Sushi-Restaurants der Welt (129 N La Cienega Blvd., Tel. 659-9639). Von Feinschmeckern als bester Italiener im Großraum Los Angeles gelobt und für seine erstklassigen Weine bekannt, ist »Valentino« in Santa Monica (3115 Pico Blvd., Tel. 829-4313). Der »Broadway Deli« in Santa Monica ist für seine innovativen Mini-Gerichte bekannt (1457 Third Street Promenade, Tel. 451-0616). Leichte Küche der pazifisch-amerikanischen Art und erstklassige Drinks gibt es in Santa Monica im »Wolfgang Puck's Cafe« (1323 Montana Avenue, Tel. 393-0290). Fantasievolle kalifornische Küche mit europäischem Einschlag wird im »Chinois on Main« in Santa Monica geboten (2709 Main Street, Tel. 392-9025). Zu jeder Jahreszeit ein spezielles Bier, dazu kleine Gerichte wie Chicken Wings und Hamburger, werden im »Rock Bottom Restaurant & Brewery« in Long Beach serviert (One Pine Avenue, Tel. 562-308-2255). Omelette in allen Variationen und superleckere Breakfast Burritos (Tortillas mit Füllung) gehören zu den Spezialitäten im »Omelette Inn« in Long Beach (108 W Third Street, Tel. 437-5625). Die klassische italienische Küche ist im »L'Opera Ristorante« in Long Beach angesagt (101 Pine Avenue, Tel. 491-0066).

Nachtleben: Der »Viper Room« (Besitzer: Filmstar Johnny Depp) in West Hollywood gehört zu den berühmtesten Musikclubs der Stadt (8852 Sunset Blvd., Tel. 358-1880). Im »Groundling Theater« wird Comedy besten Zuschnitts geboten (7307 Melrose Avenue, Tel. 323/934-9700). Im »Toi In Sunset« in Hollywood treffen sich die Nachteulen zu einem späten Snack (7505 Sunset Blvd., Tel. 874-8062).

Sehenswürdigkeiten: Die Union Station, der Bahnhof der Stadt, wurde 1939 erbaut und zeigt innen noch schönes Art déco (800 N Alameda Street). Die Olvera Street zwischen Main Street und Los Angeles Street gehörte zum historischen El Pueblo de Los Angeles (Tel. 213-628-1274). In »Mann's Chinese Theatre« in Hollywood, einem mit chinesischem Dekor verzierten Prachtkino, fanden früher aufwendige Film-Uraufführungen statt. Vor dem Kino haben sich viele Stars mit ihren Hand- und Fußabdrücken im Zement verewigt (6925 Hollywood Blvd., Tel. 323-464-8111). Farmers Market ist ein (touristischer) Obst- und Gemüsemarkt in Hollywood (6333 W Third Street, Tel. 933-9211, Mo–Sa

Der alte Stadtkern von Los Angeles liegt 25 Kilometer von der Küste entfernt

9–19, So 10–18 Uhr). Vom Planetarium des Griffith Observatory hat man einen guten Ausblick (2800 E Observatory Road, im Sommer tgl. 12.30–22, sonst Di–Fr 14–22, Sa, So 12.30–22 Uhr, Tel. 664-1191). In Long Beach ist die Unterwasserwelt des Pazifik im Aquarium of

Erlesene Sushi im »Matsushisa«, einem der besten Sushi-Restaurants weit und breit

the Pacific beisammen (100 Aquarium Way, tgl. 9.30–18 Uhr, Tel. 562–590-3100).

Museen: Die bedeutende Kunstsammlung des Milliardärs J. Paul Getty ist im gleichnamigen Museum in Santa Monicas aussichtsreichen Hügeln ausgestellt (1200 Getty Center Drive, Di, Mi 11–19, Do, Fr 11–21, Sa, So 10–18 Uhr, Eintritt kostenlos, Voranmeldung empfohlen, Tel. 310-440-7300). Benjamin Franklins handgeschriebene Autobiographie und eine original Gutenberg-Bibel gehören zum Besitz der renommierten Huntington Library in San Marino bei Pasadena (1151 Oxford Road, im Sommer Di–So 10.30–16.30, sonst Di–Fr 12–16.30, Sa, So 10.30–16.30 Uhr, Tel. 626/405-2141).

Vergnügungsparks: Disneyland, ca. 30 Meilen südwestlich in Anaheim gelegen, ist der klassische Vergnügungspark des Mickey-Mouse-Erfinders (1313 Harbor Blvd., Tel. 714-781-4565, tgl. geöffnet). Begegnungen mit King Kong und dem Weißen Hai und ein Blick hinter die Filmkulissen stehen im Vordergrund bei Universal Studios (Universal Center Drive, tgl. geöffnet, Tel. 818-662-3801). Knott's Berry Farm in Buena Park hat sich auf haarsträubende Achterbahnen spezialisiert (8039 Beach Blvd., tgl. geöffnet, Tel. 714/220-5200). Gute Nerven sollte man auch für die Fahrgeschäfte im Six Flags California in Valencia mitbringen (Magic Mountain Parkway I-5, tgl. März–Oktober, Winter geschl. Tel. 661/255-4100).

Sport: Wie in der Kultserie »Baywatch« surfen und am Strand tummeln kann man sich an einem der zahlreichen Sandstrände. Am schönsten ist der Malibu Lagoon State Beach am Pacific Coast Highway, hier sind die Wellen besonders sanft. Surfer bevorzugen die hohe Brandung am Surfrider Beach zwischen Malibu Pier und der Lagune. Legendären Ruf besitzt der Venice Beach südlich von Santa Monica, obwohl die Gegend inzwischen etwas heruntergekommen wirkt: Der Boardwalk wird von T-Shirt-Läden gesäumt, und auf dem Asphalt

Ende der Route 66 in Santa Monica

zeigen Rollerblader und Breakdancer ihre Kunststücke. Am Hermosa City Beach ist am meisten Platz; es gibt Volleyball-Plätze und andere Sporteinrichtungen. Mit dem Fahrrad geht es 22 Meilen den Ocean Front Walk zwischen Pacific Palisades und Torrance lang, die Aussicht auf das Meer ist herrlich. Mountain-Biker sind im Malibu Creek State Park (Tel. 808/533-7275) richtig. Beinahe schon Volkssport und im Vergleich zu Europa äußerst erschwinglich ist Golfen. Recht zentral liegt der Rancho Park Golf Course (10460 W. Pico Blvd., Tel 310-838-7373). Zu den schönsten Golfplätzen gehört der des Industry Hills Golf Club (1 Industry Hills Pkwy., Tel. 818-810-4455). – Wer beim Sport lieber auf der Zuschauerseite ist, sollte zum Baseball der Los Angeles Dodgers (Tel 213-224-1500) im Dodger Stadium gehen. Näheres erfährt man im Internet: www.dodgers.com.

Ausgehen: Preiswerte Tickets für die meisten Theatervorstellungen bekommt man bei Theater LA. Der Verkaufsstand »Times Tix« (8701 Beverly Blvd., Tel. 310/659-3678) ist Do–So 12–18 Uhr geöffnet. Die besten Shows gehen im Ahmanson Theater (Tel. 213-972-7401) über die Bühne. Das Los Angeles Philharmonic Orchestra spielt regelmäßig im Dorothy Chandler Pavillon (135 N Grand Ave., Tel. 323-850-2000), über das Programm informiert www.laphil.org. Zu den größten Kinos gehört Laemmle's Sunset 5 (8000 Sunset Blvd., Tel. 323-848-3500).

Shopping: Am Rodeo Drive in Beverly Hills kaufen die Reichen und Schönen ein. In der Melrose Avenue gibt es Shops mit ausgefallener Mode. In Long Beach sollte man das Shoreline Village mit seinen Restaurants und Boutiquen nicht versäumen. Third Street Promenade in Santa Monica ist eine attraktive Fußgängerzone mit ausgefallenen Shops wie »Na Na« (alles für den modernen Punk!).

Information: Los Angeles Convention & Visitors Bureau, 633 W Fifth Street, Suite 6000, Los Angeles, CA 90071, Tel. 213-624-7300, www.ci.la.ca.us und http://la.yahoo.com. – Long Beach Convention & Visitors Bureau, One World Trade Center, Suite 300, Long Beach, CA 90831-0300, Tel. 562-436-3645, Fax 435-5653, www.golongbeach.org.

Startendes Raumschiff oder Delfin-Show? Nur die Lobby des »West Inn Bonaventura«-Hotels

Verwirrendes Freeway-Netz

Hinter den Strandhäusern am Santa Monica Beach türmen sich Wohnsilos

Das passt: Rolls Royce und Sunset Boulevard

Los Angeles an einem Tag: zuerst Union Station und Olvera Street. 11 Uhr: Museum of Contemporary Art, Chinatown und Little Tokyo. 13 Uhr: die Shops an der Melrose Avenue und am Rodeo Drive. 15 Uhr: Hollywood Boulevard und Chinese Theater. 16 Uhr: Griffith Park zum Gucken. Über Sunset Boulevard durch Beverly Hills und Bel Air. 18 Uhr: Santa Monicas Third Street Promenade (Fußgängerzone). Abends das Dinner bei Wolfgang Puck.

Die Straßenbahn fährt wieder: von Los Angeles nach Long Beach

Stressfrei: mit Tempo 120 über die Interstates

Autofahren

Bei den meisten Sachen lasse ich nicht den Macho raushängen«, schreibt Interstate-Fan »ZZYZY« auf seiner Homepage im Internet, »nur bei Road Trips mache ich eine Ausnahme. Ich weiß nicht, was über mich kommt, wenn ich einen langen Trip plane, aber irgendwie erscheint es mir falsch, einen Halt oder eine längere Pause einzuplanen. Ich brause gern über die Interstate und lasse die Vereinigten Staaten an mir vorbeifliegen. Ich mag es, von einem Bezirk in den nächsten zu fahren. Ich sehe gern Hinweisschilder auf eine Stadt, die in einer anderen Zeitzone liegt. Ich gehe gern in eine Tankstelle in Virginia und frage nach dem kürzesten Weg nach Las Cruces, New Mexico. Ich mag es, um zehn Uhr morgens die Scheinwerfer anzuhaben, weil ich die ganze Nacht gefahren bin. Wenn ich auf einem Truckstop halte, denke ich immer dasselbe: Du bist kein Profi wie diese Trucker, aber du bist ein verdammt guter Amateur!«

Immer nur fahren, unterwegs sein, den nächsten Hügel erklimmen, um zu sehen, was sich dahinter verbirgt, das liegt den Amerikanern im Blut. Seitdem die ersten Siedler amerikanischen Boden betreten haben, streben sie nach Westen, sind sie unterwegs auf der Suche nach dem Regenbogen, an dessen Ende bekanntlich ein Topf voller Gold warten soll. Sie zogen über den Erie Canal und die Cumberland Gap und siedelten im Ohio Valley, sie trieben ihre Ochsenkarren über den Santa Fe Trail und den Oregon Trail zu den grünen Tälern an der Westküste. Sie bauten eine Eisenbahn quer durch den Kontinent. Die meisten ihrer Häuser gleichen heute noch provisorischen Unterkünften, weil kaum ein Amerikaner daran denkt, den Rest seines Lebens an einem Ort zu verbringen. Immer zum Aufbruch bereit, innerhalb weniger Minuten reisefertig sein, so wie während der Pionierzeit, als die Städte am Ende der Schienen aus baufälligen Holzhütten und Zelten bestanden. Sobald die Eisenbahn weiter nach Westen vordrang, wanderte auch der Regenbogen weiter.

Mit der Erfindung des Automobils wurde (nicht nur) den Amerikanern ein lang

Vorsicht auf der kurvenreichen Route 66

gehegter Traum erfüllt. Aus einem Volk, das ständig nach dem Goldenen Westen strebte, wurden mobile Amerikaner, die kreuz und quer durch das Land fuhren, oft nur um des Fahrens willen, und die Freiheit genossen, sich jeden Augenblick zu verändern und ihre Neugier nach einer neuen Landschaft und einer neuen Stadt zu befriedigen.

Der Weg wurde wichtiger als das Ziel, selbst auf der Route 66, die zu einer Traumstraße für freiheitsliebende Amerikaner wurde. »Schuld« an dieser neuen Völkerwanderung war Henry Ford. Er hatte das Automobil nicht erfunden, aber er fand einen Weg, es preiswert herzustellen und gesellschaftsfähig zu machen. Am 17. Juni 1903 gründeten er und elf Partner die Ford Motor Company – mit 28 000 Dollar und dem festen Glauben an eine erfolgreiche Zukunft. Doch vom »Model A«, das innerhalb der ersten fünfzehn Monate immerhin 1700mal verkauft wurde, bis zum legendären »Model T«, das 1908 auf den Markt kam und 15 Millionen Mal aus dem Showroom gerollt wurde, war es ein weiter Weg. Erst 1911, nach einer jahrelangen gerichtlichen Auseinandersetzung mit George Seldon, der glaubte, ein Patent auf die Herstellung der »Straßen-Lokomotiven« zu haben, konnte er richtig loslegen. Bereits 1913 kam die Hälfte aller Automobile – weltweit! – von Ford.

Die Zeit zwischen den Weltkriegen – und mit ihr die Geburtsstunde der Route 66 – brachten einen ungeahnten Aufschwung und eine ungeheure Expansion. Am Fließband konnten die Motorwagen schnell und verhältnismäßig preiswert hergestellt werden. Das erste neue Automobil, das über die Route 66 fuhr, war das verbesserte Model A, das 1927 herauskam, und fünf Jahre später wurde mit dem ersten V 8 die neue Zeit eingeläutet. In den 1950er-Jahren wurden die Thunderbirds von Ford, die Mercurys, Buicks, Chevys und Edsels zu einem vertrauten Anblick auf der legendären Straße und zu Statussymbolen einer Zeit, die in Filmen wie »... denn sie wissen nicht, was sie tun« weiterlebt. Die Wagen wurden »aufgemotzt«, und die Jugendlichen lieferten sich heiße Rennen.

Amerika blieb auch im 20. Jahrhundert eine mobile Gesellschaft, und die Regierung kam mit dem Straßenbau kaum nach. Denn die Trails und Feldwege, die den Kontinent noch um 1900 überspannten, waren für die neuen Motorwagen wenig geeignet. Highways gibt es offiziell seit dem 11. November 1926, die kreuzungsfreien Interstates wurden in den fünfziger Jahren gebaut, als Dwight

Mit Straßenkarte kein Problem: die Freeway-Netze der Großstädte, hier in Los Angeles

D. Eisenhower Präsident war; er hatte als Militärgouverneur 1945 in Deutschland die Autobahnen kennen und schätzen gelernt. Die staatlichen Highways verschwanden, auch die Route 66 wurde am 27. Juni 1985 von der Liste gestrichen. Die Highways wurden Straßen zweiter Klasse und kamen in die Zuständigkeit der Bundesstaaten. Dritte Straßenart sind die stets gebührenpflichtigen Turnpikes mit der schnellsten Streckenführung.

Konzentration im Schilderwald: Werbe- und Straßenschilder stehen manchmal sehr dicht

»Flagman« für besondere Verkehrsregelung

Zwischen Chicago und Los Angeles gibt es keinen durchgehend bezifferten Highway mehr, sondern nur noch ein Netz von mehrspurigen Interstates. Das Ende des individuellen Reisens, wie nicht nur die Fans der Route 66 meinen. »Entlang der Interstates findet das Leben nicht statt«, schrieb William Least Heat Moon in seinem Buch »Blue Highway«, »das ist gegen das Gesetz!« Auch deshalb sehnt sich manch einer nach der guten alten Route 66 zurück.
Wer im Automobil durch die USA fährt – auf den kreuzungsfreien Interstates oder den zweispurigen Highways – muss sich ein wenig umstellen: In den USA wird das Auto als Fortbewegungsmittel und nicht als heiliges Gut betrachtet. Amerikaner fahren ausgesprochen defensiv und veranstalten nicht gleich ein Hupkonzert, wenn man mal auf einer Kreuzung stehen bleiben oder sich zu spät einreihen will. Fast alle Autos sind mit einem Automatikgetriebe ausgestattet und lassen sich problemlos fahren. Hinzu kommen Geschwindigkeitsbegrenzungen, die bei uns erst diskutiert werden: Auf den meisten Interstates dürfen maximal 65 (104 km/h) oder 75 (120) Meilen pro Stunde, in Ortschaften meist 35 (56 km/h) oder gar 25 (40) Meilen gefahren werden. Die Polizei achtet auf die Einhaltung dieser Regeln.
Das Straßensystem ist in den USA sehr übersichtlich angelegt. Alle Highways sind nummeriert. Die Straßen mit gerader Zahl führen von Westen nach Osten, die mit ungerader Zahl von Norden nach Süden. Interstates haben ein I (für Interstate) vor der ein- oder zweistelligen Nummer auf blauem Grund. Dreistellige Interstates bezeichnen einen Autobahnring oder eine Umgehungsstraße. Der Verkehr in den Städten ist sehr dicht, vor allem in den Großstädten, aber es gibt überall genügend Parkplätze, vor allem vor Supermärkten, Einkaufszentren und Restaurants.
Die Verkehrsregeln unterscheiden sich nur wenig von denen in Deutschland, Österreich und der Schweiz. Das Anlegen der Sicherheitsgurte ist in den meisten Staaten gesetzlich vorgeschrieben. Anders als bei uns: Ampeln hängen meist über der Kreuzung und nicht davor. An einer Kreuzung mit vier Stoppschildern und dem Zusatz »Four-Way« müssen alle Fahrzeuge halten, und derjenige, der zuerst gehalten hat, darf auch zuerst fahren. In manchen Staaten darf auch bei Rot nach kurzem Halt rechts abgebogen und rechts überholt werden. Unbedingt halten muss man vor oder hinter einem blinkenden gelben Schulbus.
Ein Polizeiwagen, der ein Fahrzeug stoppen will, fährt mit blinkendem Rot-Blau-Licht hinterher, bis der Fahrer hält. Es empfiehlt sich, in einem solchen Fall ruhig sitzen zu bleiben und die Hände auf das Lenkrad zu legen. Jede hastige Bewegung könnte missverstanden werden. Den Bitten der Polizei ist unbedingt Folge zu leisten. Bei einer Panne rechts halten und die Kühlerhaube aufklappen – das Zeichen für Hilfsanforderung.
»Happy Motoring!« stand während der goldenen Jahre der Route 66 auf vielen Werbeschildern. In den USA macht das Autofahren immer noch Spaß. Nicht in Chicago oder Los Angeles, aber auf dem offenen Land. Das Benzin ist billig, die Straßen sind breit, und wer auf einem historischen Highway wie der Route 66 durch Amerika fährt, sitzt in einem rollenden Kino, denn vor der Windschutzscheibe findet das Leben statt.

Das Travel Center in Ontario bei L.A. – einer der größten Truckstops der USA

Burger, Pizza, Fried Chicken, Sandwichs und Donuts

Fast Food

Amerika isst schneller. Das war in den 1950er-Jahren schon so, als die legendären Drive-Ins im ganzen Land aus dem Boden schossen. Im chromblitzenden Chevy oder Buick zum Drive-In und sich von einem hübschen Mädchen auf Rollschuhen bedienen lassen, das war das höchste der Gefühle. Das Tablett mit dem Hamburger und Pommes frites wurde ans offene Autofenster gehängt, und aus den Lautsprechern dröhnten die Hits von Elvis und Buddy Holly.

Die »Route 66 Brewery« in St. Louis – ein stimmungsvolles Fast-Food-Lokal in der Union Station

Das mobile Zeitalter hatte längst begonnen, in Amerika allemal, und die schnelle Mahlzeit im Wagen gehörte zum guten Ton. Bis Dick und Mac McDonald, die beiden Pioniere der Fast-Food-Industrie, eine für damalige Verhältnisse revolutionäre Idee hatten: Sie verwandelten ihren Barbecue Drive-In in San Bernadino in ein modernes Selbstbedienungsrestaurant, den ersten McDonald's. Das war 1948. Raymond Albert Kroc, ein Vertreter für Multimixer, besuchte die Brüder sechs Jahre später und schlug ihnen vor, eine ganze Kette von Restaurants zu eröffnen – in der Hoffnung, jedem dieser Lokale acht Multimixer zu verkaufen. So viele Geräte waren bei den Brüdern im Betrieb. Die McDonalds hatten kein Interesse an einem großen Konzern und verkauften ihm die Franchising Rights. Ray Kroc gründete die **McDonald's** Corporation und eröffnete sein erstes Lokal in Des Plaines (Illinois), heute ein Museum mit McDonald's-Memorabilia, darunter der erste Multimixer.

Inzwischen ist McDonald's einsamer Marktführer mit über 26 000 Restaurants in 119 Ländern. Fast Food ist angesagt, wurde zu einer gigantischen Industrie. Man nimmt sich wenig Zeit zum Essen; und wenn – dann isst man gern aus der Hand, jedenfalls ungern mit Messer und Gabel. Der Big Mac, 1968 von Jim Delligatti erfunden, einem der ersten Franchise-Nehmer, wurde zum Symbol einer neuen Fresswelle, die inzwischen auch auf Europa und Asien übergegriffen hat. Die »Golden Arches« von McDonald's und andere bunte Fast-Food-Schilder verdrängten die Drugstores und Drive-Ins. Sauber, schnell und kalorienreich – das ist das Essen der Amerikaner im 20. Jahrhundert. Weder die kalifornische Fitness-Welle noch europäischer Schnickschnack konnten Ronald McDonald & Co. verdrängen. Letzter Schrei, auch in Deutschland: In bekannten Raststätten, Tankstellen und auf Messen tauchen McDonald's-Express-Schalter auf.

Aber die Konkurrenz schläft nicht: **Burger King**, der härteste Mitbewerber, wurde von James W. McLamore und David Edgerton in Miami (Florida) gegründet und liegt schon seit 1954 mit McDonald's im Clinch. Der Whopper wird gegrillt und übertrifft den Big Mac an Geschmack, auch die Tomaten, Gurken und Zwiebeln schmecken besser, aber gegen die Spezialsoße von McDonald's ist kein Kraut gewachsen. Das große Plus von Burger King: Sonderwünsche werden gerne angenommen! Wer keine Gurken oder Zwiebeln will, bekommt auch keine. Weltweit gibt es bereits über 10 000 Restaurants. Der erste Burger King in Deutschland wurde direkt nach der Wende in Dresden eröffnet.

Seit 1969 gibt es **Wendy's**. Dave Thomas, der in seiner eigenen TV-Werbung auftritt, eröffnete sein erstes Schnellrestaurant in Columbus (Ohio). Er nannte es nach seiner Tochter. Die quadratischen Hamburger sind frisch und saftig. Die Alternative zum mächtigen Dreifachburger: eine reichhaltige Salatbar und gebackene Kartoffeln mit Füllung. Von den Fast-Food-Firmen wird gern unter den Teppich gekehrt, dass ein Cheeseburger über 300 Kalorien hat – von einem Big Mac ganz zu schweigen. Und man hat schon bald wieder großen Hunger auf den nächsten!

Nicht überall in den USA vertreten, aber ein Juwel im wilden Fast-Food-Dschungel: **Fuddrucker**. Die gemütlichen Lokale liegen meist zentral und bieten hervorragende Qualität. Nirgendwo sind die Hamburger so groß und so frisch. Das Fleisch wird langsam gebraten und nicht zerdrückt. Die Brötchen werden vor Ort gebacken und haben einen leichten Honiggeschmack. Alle Zutaten wie Tomaten, Zwiebeln, Salat sind extrem frisch und liegen zur Selbstbedienung bereit. Auch Ketchup, Mayonnaise, flüssigen Käse und Dressings darf man selber nehmen. Soft Drinks und Eistee zahlt man nur einmal, die Refills sind kosten-

Spaghetti and meatballs – hier bei Desset Hills – sind für viele Amerikaner italienisches Essen

Chicago: Rock 'n' Roll McDonald's, ein Hard Rock Cafe – trotz Corvette nur im Westentaschenformat

los. Ein Gedicht sind die riesigen Pommes frites. Fuddrucker ist das Fünf-Sterne-Lokal unter den amerikanischen Fast-Food-Tempeln.

Kentucky Fried Chicken ist der Klassiker unter den Chicken Restaurants und war bereits in den 1940er-Jahren ein vertrauter Anblick an der Route 66. Das Geheimrezept des Colonel Harland Sanders mit den 11 nicht verratenen Kräutern und Gewürzen ist seit 1939 ein Renner. Harland Sanders ist die farbigste Gestalt in der amerikanischen Fast-Food-Geschichte. Er wurde im September 1890 geboren. Als sein Vater starb, war seine Mutter gezwungen, den Lebensunterhalt zu verdienen, und er stellte sich mit seinen sechs Jahren in die Küche und kochte das Abendessen. Sechs Jahre später heiratete seine Mutter erneut, und er begann, auf einer Farm in Indiana zu arbeiten. Mit fünfzehn war er Straßenbahnschaffner in New Albany, mit sechzehn kämpfte er als Freiwilliger in Kuba. Er war Feuerwehrmann, schloss ein Jura-Fernstudium ab und praktizierte als Rechtsanwalt, verkaufte Versicherungen, war Kapitän auf einem Dampfschiff und betrieb Tankstellen.

Harland Sanders war bereits im Rentenalter, als er seine Idee vom »finger lickin' good chicken« in ganz Amerika vermarktete. Obwohl er damals nicht einmal ein Restaurant besaß. Er reiste von einer Raststätte zur anderen, stellte sich in die Küche und briet sein »Kentucky Fried Chicken«, das er bereits erfolgreich an seine Tankstellenkunden verkauft hatte. Falls die Mahlzeit schmeckte, schloss er ein Gentleman's Agreement mit dem Besitzer: Von jedem verkauften Kentucky Fried Chicken wanderten fünf Cents in seine Tasche. 1952 wurde ein Franchise-Unternehmen aus »KFC«.

Zur selben Restaurant-Familie gehören **Pizza-Hut**, die erfolgreichste Pizza-Restaurant-Kette der Welt, und **Taco Bell**, ein Mexiko-Imbiss. Es gibt über 10 000 dieser Restaurants in über 100 Ländern.

Auch der Erfolg der **Subway**-Kette ist dem unternehmerischen Geist eines Selfmademan zu verdanken. Fred DeLuca war gerade siebzehn und arbeitete in

Beetle vor »Cozy Dog Diner« in Springfield, IL

einem Eisenwarenladen, um das Geld für sein College zu verdienen, als er zusammen mit einem befreundeten Arzt einen Sandwich-Shop eröffnete. Das war im Sommer 1965. Sie erkannten die Bedeutung eines weithin sichtbaren Logos und guten Marketings. Schon ihr dritter Laden war ein Erfolg. Heute gibt es über 15 000 Subway-Läden, auch in Deutschland und Österreich.

Die langen Sandwiches heißen »Subs«, weil sie wie Unterseeboote aussehen. Die fünf Zoll (»Five Inch«) oder 30 Zentimeter (»Foot Long«) langen Sandwiches werden der Länge nach keilförmig eingeschnitten und mit einem Belag nach Wahl gefüllt. Zu jedem Sandwich gehören Zwiebeln, Salat, Tomaten, Gurken, Paprika und Oliven, dazu kann man Käse, leichte Mayonnaise, Senf, Öl, Essig, Chilis, Salz und Pfeffer bestellen. Am besten schmecken das Tuna (Tunfisch bis zum Abwinken) und das Subway Club Sandwich (Roastbeef, Truthahnbrust und Schinken). Sehr mühsam zu essen: das Sandwich mit Meat Balls (Fleischklößchen).

Seit 1950 ist **Dunkin' Donuts** das ideale Fast-Food-Lokal für Naschkatzen. Es gibt über 4000 Lokale und Läden in 43 US-Bundesstaaten und 20 Ländern. Die Spezialität: heißer Kaffee und Donuts in allen Farben – das sind schmalzgebackene »Berliner Pfannkuchen« mit einem Loch in der Mitte. Der (kalorienreiche) Renner, »Boston Creme«, hat außer Schokolade noch süße Creme.

Fast Food – längst ein weltweites Phänomen, das an der Route 66 seinen Ausgang nahm. Weil die mobile Gesellschaft hier ihren Siegeszug begann. Mit den Highways und Interstates wuchsen auch die bunten Schilder von McDonald's und Burger King aus der Erde, genormte Lokale für den schnellen Hunger unterwegs, preiswert, sauber, und man wird schnell und freundlich bedient. Der Nachteil: Kalorien! Aber zum Amerika-Urlaub gehört Fast Food dazu und auf der Route 66 allemal – weil Urlauber immer unterwegs sind und zumindest tagsüber wenig Zeit zum Essen haben. Have a Burger, my friend!

Ted Drewe's Frozen Custard – die Kult-Eisdiele an der Route 66 in St. Louis

Tanz und Traditionen bei den Pow Wows

Indianer

Ron Hawks hat sein Gesicht mit roter Farbe beschmiert. Die Mokassins scharren über den sandigen Boden, und sein eintöniger Singsang klingt wie eine Beschwörungsformel. Sein farbenprächtiges Kostüm leuchtet im Scheinwerferlicht. Er gehört zu den besten Pow-Wow-Tänzern, aber er tanzt selten für Geld. Seine Gebete erheben sich zornig in den schwülen Sommerwind und verklingen über den Tipis. Sein Blick ist auf die heiligen Berge am Horizont gerichtet. Er sucht nach den Visionen und Träumen seiner Vorfahren und der verlorenen Geschichte. Er sagt: »Ich tanze, um die Tradition meines Volkes zu bewahren.«

Im Abendlicht wird die amerikanische Flagge gehisst. Dasselbe Sternenbanner, das am Sand Creek mit Blut bespritzt wurde, als die US-Kavallerie sein Volk massakrierte. Die Flagge, die zum Symbol des Untergangs für die Cheyenne wurde. »Wir tanzen zu Ehren der amerikanischen Soldaten, die im Golfkrieg einen heroischen Tod gestorben sind«, kündigt der MC (Master of Ceremonies) an, und Ron Hawks findet nichts Besonderes dabei, für die ehemals so verhassten Weißen zu tanzen. »Auch junge Männer der Cheyenne haben für die amerikanische Armee im Golfkrieg gekämpft«, sagt er, »sie sind in diesem Krieg erwachsen geworden. Sie haben ihren Mut bewiesen, so wie Little Wolf und Dull Knife vor mehr als hundert Jahren.« Die beiden Häuptlinge, die ihr Volk aus der Reservation in die Heimat zurückführten, werden von den Cheyenne wie Heilige verehrt. »Wir ehren auch die Amerikaner«, fährt er fort, »sie sind unsere Verbündeten. Sie sollen nicht vergessen, dass wir eine eigenständige Nation sind. Wir sind tsistsistas, das Volk. Wir sind eine unabhängige Nation.«

Pow Wows sind farbenprächtige Indianertreffen, die vor allem im Sommer in den Reservationen abgehalten werden. Eine willkommene Gelegenheit für die versammelten Stämme, ihre Vergangenheit und Traditionen zu feiern, zu tanzen, singen, alte Freundschaften zu pflegen und neue zu schließen. In den Tänzen und alten Trommelgesängen bleibt die Kultur der Indianer erhalten, lebt sie bis ins dritte Jahrtausend fort. Und damit nicht genug: Beim Pow Wow werden auch überlieferte Traditionen wie das Große Ratsfeuer und der Giveaway fortgeführt. Am Feuer wird über die Politik der Stämme beraten und diskutiert, im Schein der Flammen feiert man Erfolge und betrauert Verluste. Wie im 19. Jahrhundert werden sogar weiße Freunde in den Kreis aufgenommen. Man ehrt öffentlich erfolgreiche Stammessprecher, Schüler oder Künstler.

Beim Giveaway werden kostbare Gaben verschenkt, in ausgebreiteten Decken wird Geld für soziale Zwecke gesammelt. Das Geben war den Indianern immer wichtiger als das Nehmen. Ein großer Häuptling zeichnete sich vor allem dadurch aus, dass er möglichst viele Pferde verschenkte.

Woher das Wort »Pow Wow« stammt, wurde nie geklärt. Wahrscheinlich kommt es aus der Sprache der Narraganset und bedeutet Medizinmann. Angeblich sollen die ersten Pow Wows auf der südlichen Prärie abgehalten worden sein, in der Tradition der Kriegergesellschaften der Poncha und anderer Stämme. Jede »Warrior Society« pflegte bestimmte Traditionen und Tänze, die zu anerkannten Ritualen wurden.

Eine andere Erklärung: Viele Indianerstämme wurden auf den Reservationen angehalten, für die weißen Besucher zu tanzen und zu singen, und so bewahrten sie ihre alten Tänze und Lieder. Vor jeder Veranstaltung wurden die Tänzer in einer Parade durch den Ort geführt; heute beginnt jeder Pow Wow mit dem farbenprächtigen »Grand Entry«.

Detailreicher Kopfschmuck: Indianerin in Albuquerque

Zu den Pow Wows, die nicht nur auf den westlichen Ebenen abgehalten werden, kommen Indianer von nah und fern, parken ihre Wohnmobile und Lieferwagen in der Nähe des rechteckigen Grasplatzes, der den Mittelpunkt jeder Veranstaltung bildet. Traditionelle Tipis, die kegelförmigen Zelte der Indianer, sind eher selten, bilden lediglich auf der Crow Nation Fair, die seit über achtzig Jahren jedes Jahr am dritten Augustwochenende abgehalten wird, eine eindrucksvolle Kulisse. Die Crow Fair ist das größte Pow Wow der Welt. Tausende von Indianern aus allen Teilen der Vereinigten Staaten tanzen in der Sommerhitze.

Um den Grasplatz mit den überdachten Tribünen locken Verkaufsstände mit Tacos, indianischem Brot und Fast Food

Im Indian Pueblo Cultural Center von Albuquerque wird für Fremde getanzt

Traditioneller Hoop Dance in Indian City

sowie Kunsthandwerk und Lederwaren. Die Trommler und Sänger üben im Schatten der Tribünendächer. Ohne sie würde es kein Pow Wow geben. In ihren Liedern lebt die Bedeutung der religiösen und gesellschaftlichen Tänze fort. Das »Heyaheyaheya« der Sänger wurde erfunden, um Mitglieder möglichst vieler Stämme an den Liedern teilhaben zu lassen. Die Sprachen der Lakota und Comanche sind so verschieden wie Finnisch und Italienisch.

Die Bedeutung der einzelnen Tänze hat sich verändert, passt sich den veränderten Gegebenheiten an. Doch selbst in den modernen Tänzen schwingt die Ehrfurcht vor dem Glauben und der Kultur der Vorfahren mit. Beim Pow Wow verdrängen die Indianer ihre eher düstere Gegenwart des Alkohols, der Drogen und Arbeitslosen durch die Erinnerung an bessere Zeiten. Alkohol und Drogen sind auf Pow Wows streng verboten.

Pow Wows werden von einem Komitee des veranstaltenden Stammes vorbereitet und durchgeführt. Jedes Fest beginnt mit dem Grand Entry. Zum rhythmischen Klang der Trommeln kündigt der »Master of Ceremonies« den Einzug aller Tänzer und Tänzerinnen an. Der Klang der Fußschellen begleitet die bunt gekleideten Indianer auf den Festplatz. Männer, Frauen und Kinder. Farbenprächtige Federn schmücken ihre Kostüme mit traditionellen und fantasievollen Mustern. Sie bringen die Flagge der Vereinigten Staaten, die Stammesflaggen, die Standarten der Veteranen und Ehrenzeichen der teilnehmenden Stämme. Das Sternenbanner wird aus zwei Gründen gebracht: Es soll die Vorfahren ehren, die im Zeichen dieser Flagge starben, und die Indianer, die für diese Flagge in zahlreichen Kriegen kämpften. Den Veteranen folgen die Häuptlinge, Mitglieder des Stammesrates, Pow-Wow-Prinzessinnen und Organisatoren. Wenn alle Tänzer und Tänzerinnen die Arena betreten haben, folgen ein Gebet und ein Tanz zu Ehren der US-Flagge und der Veteranen, dann wird das Pow Wow mit vielen Round Dances eröffnet.

Hohe Geldpreise warten auf die besten Tänzer der verschiedenen Disziplinen. Fransen an den Kostümen der Grass Dancers wogen wie Gras im Wind. Mit ihren Bewegungen drückten ihre Vorfahren im 19. Jahrhundert das wuchernde Präriegras für die anderen Tänzer platt. Die Fancy Dancers tanzen »Freestyle«, bestimmen ihre eigene Choreographie. Die Fancy Shawl Dancers, anmutige Frauen und Mädchen in schimmernden Kostümen, schwingen einen Tanzschal zu ihren fließenden Bewegungen. Kleine Glöckchen erklingen zu den Bewegungen der Jingle Dancers, die ihre Kleider mit kleinen Metalltrichtern verziert haben. Auch Kinder nehmen an den Wettbewerben teil, klatschen einander ab, wenn sie gut abgeschnitten haben.

Moderne Kunst: tanzender Indianer

Die Traditional Dancers orientieren sich an den überlieferten Kriegstänzen ihres Stammes und lassen die Vergangenheit lebendig werden. Edwina Little Light gehört dazu. Sie trägt ein dunkelblaues Kleid mit den Elchzähnen und betritt würdevoll den Festplatz. Ein Tanzschal liegt über ihrem ausgestreckten linken Arm, in der rechten Hand hält sie einen Federfächer. Es ist dunkel geworden, und das Licht der Scheinwerfer liegt auf ihrer bronzefarbenen Haut. Ihre Augen leuchten stolz, blicken in die Vergangenheit, die bei diesem Tanz lebendig wird. So wie Edwina haben auch die Crow-Frauen vor 200 Jahren getanzt. Ihre anmutigen Bewegungen verschmelzen mit dem Rhythmus der Trommeln, ihre Füße gleiten über den Boden. Ihr Körper bleibt kerzengerade, die langen Fransen an ihren Ärmeln und der Tanzschal schwingen im Gleichmaß hin und her. Die Gleichmäßigkeit dieser Bewegungen und ihre würdevolle Haltung sind ausschlaggebend für eine gute Wertung. Aber Edwina denkt nicht an das Preisgeld. Sie hört nur die Trommeln und denkt an die Zeit, als ihre Vorfahren den Büffel jagten und nach einer erfolgreichen Jagd am großen Feuer feierten und tanzten. »Ich habe unsere Vergangenheit in meinem Herzen bewahrt«, berichtet sie stolz, »und solange ich tanze, wird diese Zeit niemals verloren gehen.«

Sonst nur beim Pow Wow: Tanz in Indian City bei Anadarko, Oklahoma

Allgemeine Reise-Informationen

Der Highway 66, die spätere »Route 66«, wurde am 11. November 1926 dem Verkehr übergeben. Die historische Straße versteckt sich auf normalen Landkarten hinter zahlreichen anderen Highways und Interstates, steht aber unter Denkmalschutz und ist immer mal mit braunen »Historic Route 66«-Schildern ausgewiesen. Die Route 66 verbindet Chicago mit Los Angeles, führt durch die Bundesstaaten Illinois, Missouri, Kansas, Oklahoma, Texas, New Mexico, Arizona und Kalifornien und endet nach 2448 Meilen an der Pazifikküste in Santa Monica.

Beginn der Route 66 in Chicago

Adressen

Touristeninformation: Die »US Route 66 Association« (P. O. Drawer 5323, Oxnard, CA 93031) setzt sich für die Erhaltung der historischen Straße ein und hilft bei der Reiseplanung. Die lokalen Adressen: California Historic Route 66 Association (2127A Foothill Blvd., Suite 66, La Verne, CA 91750), Historic Route 66 Association of Arizona (P. O. Box 66, Kingman, AZ 86402), Kansas Route 66 Association (P. O. Box 169, Riverton, KS 66770), Missouri Route 66 Association (P. O. Box 8117, St. Louis, MO 63156), New Mexico Route 66 Association (1415 Central Ave. NE, Albuquerque, NM 87106), Oklahoma Route 66 Association (901 Manuel Avenue, Chandler, OK 74834), Old Route 66 Association of Texas (P. O. Box 66, McLean, TX 79057), Route 66 Association of Illinois (P. O. Box 8262, Rolling Meadows, IL 60008).

Außerdem bieten folgende Organisationen informative Newsletters u. Ä.: National Historic Route 66 Federation (P. O. Box 423, Tujunga, CA 91043-0423), National Route 66 Fan Club (P. O. Box 66, Manchester, MI 48158), Route U.S. 66 Motorcycle Association (George Rimini, R.R. 2, Box 16, Girard, IL 62640).

Diplomatische Vertretungen: Deutsches Generalkonsulat, 676 N Michigan Avenue, Suite 3200, Tel. 312/580-1199, Fax 580-0099; Österreichisches Generalkonsulat, 400 N Michigan Avenue, Suite 707, Tel. 222-1515, Fax 222-4113; Schweizer Generalkonsulat, 737 N Michigan Avenue, Suite 2301, Tel. 915-0061, Fax 915-0388.

Internet: Homepage der National Historic Route 66 Federation mit vielen Informationen: www.national66.com. Sehr interessantes Material zum Downloaden gibt es bei www.wemweb.com. Eine Reise in Bildern bietet »Route 66 Photo Lounge« über toisa1pp.bekkoame.or.jp.

Alkohol

Die Alkoholgesetze in den USA sind sehr streng (überwiegend strenger als die Waffengesetze). In den meisten Staaten muss man mindestens 21 Jahre alt sein, um Alkohol kaufen oder trinken zu dürfen. Es ist verboten, im Auto sichtbar eine offene Bierdose oder Schnapsflasche mitzuführen. Folglich gilt beim Autofahren: 0 Promille.

Anreise, Einreise

Die meisten europäischen Route-66-Fans befahren die legendäre Straße von Osten nach Westen – so wie unzählige Amerikaner, die in Kalifornien ihr Paradies suchten. Nur so bekommt man das richtige Feeling. Von Frankfurt/Main nach Chicago fliegt die Lufthansa täglich nonstop. Mit amerikanischen Linien bestehen Umsteigeverbindungen; United Air fliegt fast alle Städte an der Route 66 an. Delta fliegt von Frankfurt, München, Hamburg und Stuttgart sowie von Zürich und Wien nach Chicago. Swissair fliegt täglich von Zürich nach Chicago, mit Delta geht es zu weiteren Zielen an der Route 66. Austrian Airlines fliegt täglich von Wien nach Chicago und in Zusammenarbeit mit Delta zu anderen amerikanischen Städten.

Für die Einreise in die USA (bei einem Aufenthalt bis zu 90 Tagen) benötigt man einen Reisepass, der noch mindestens ein halbes Jahr gültig ist. Ein Besuchervisum ist nicht mehr notwendig. Statt dessen genügt ein ausgefülltes Formular des »Programms für visafreies Reisen«, das man in jedem guten Reisebüro oder von den Fluglinien am Flughafen oder im Flugzeug erhält. Vor allem von Jugendlichen wird häufig die Vorlage eines Rückflugtickets verlangt.

Banken

In den meisten Städten haben die Banken Mo–Fr 9–15 oder 16 Uhr geöffnet

REISEDATEN USA

Flug von Deutschland	Inlandsverkehr	Reisepapiere	Devisen	Mietwagen	Benzin	Hotel (DZ)	Motel	Menü	Einfaches Essen	Ortszeit	Souvenirs
je nach Saison ab 350 €	Flug L.A. – Chicago ca. 200 US-$	Reisepass, mindestens noch sechs Monate gültig	1 US-$ = ca. 1,07 €	Mittelklasse ca. 250 € pro Woche	1 Liter ca. 0,45 US-$	Luxus: DZ ab 130 US-$ Mittelklasse: DZ ab 70 US-$	DZ ab 30 US-$, meist jedoch 50–60 US-$	ab 15 US-$ pro Person (ohne Getränke)	Snack, Fast Food, Frühstück: ab 3 US-$	Chicago: MEZ –7 Std., Los Angeles: MEZ –9 Std.	Von den Hopi-Indianern: Kachinas, geschnitzte Holzpuppen

und sind am Sonntag und an Feiertagen geschlossen. Rund um die Uhr stehen ATM (Automatic Teller Machines) zur Verfügung. Diese Geldautomaten akzeptieren amerikanische Bankkarten, aber auch internationale Kreditkarten. Für Barabhebungen ist eine Geheimnummer (PIN) erforderlich. Für diesen Service werden Gebühren verlangt. Häufig kann man auch mit unseren EC-Karten (die mit dem Maestro-Logo) und PIN-Nummer Bargeld aus den Automaten ziehen.

Benzin

Benzin wird in Gallonen (1 Gallone = 3,785 l) gemessen. Es werden Normalbenzin (Regular), bleifreies Normalbenzin (Unleaded), Super-Benzin (Premium, bzw. Premium Unleaded) und Diesel angeboten. Die Preise sind deutlich niedriger (ungefähr die Hälfte) als bei uns und differieren stark. An den meisten Tankstellen kann man mit Kreditkarte direkt an der Zapfsäule bezahlen. Trinkgeld ist nicht üblich. Alle Mietwagen fahren mit bleifreiem Benzin.

Camping

Fast alle amerikanischen Campgrounds bieten einen auf europäischen Campingplätzen unbekannten Komfort. Ein normaler Platz in den USA bietet: gepflegte Anlage mit viel Platz zum Wenden und Rangieren, saubere sanitäre Anlagen (Duschen, WC), Waschmaschinen und Trockner (Münzbetrieb, eine Waschladung kostet ungefähr 2 Dollar, das Trocknen rund 1 Dollar), ordentlich gewarteter Swimmingpool, Kinderspielplatz, kleinen Laden mit den notwendigsten Lebensmitteln, Campingzubehör, Souvenirs und natürlich geräumige Stellplätze mit allen Anschlüssen für Wasser, Strom und Abwasser (»full hookup«). Für Wohnwagengespanne stehen so genannte »pull-through-sites« zur Verfügung, in die man auf der einen Seite hinein- und auf der anderen hinausfährt, also nicht wenden muss. Es gibt Grillstellen, Picknicktische und an Seen und Flüssen auch Bootsverleih.

Wesentlich häufiger, aber deutlich weniger komfortabel sind die staatlichen Plätze in den National und State Parks. Für eine Benutzung muss meist eine Erlaubnis eingeholt und im Voraus reserviert werden, besonders im Grand Canyon National Park. Immer solide sind die Campgrounds der KOA-Kette, die im kostenlosen »KOA Campground Guide« aufgeführt sind: Kampgrounds of America, P. O. Box 30558, Billings, MT 59114, Tel. 406/248-7444, Fax 245-9878, www.koakampgrounds.com. In fast jeder größeren Stadt gibt es einen KOA; die Plätze haben einheitlichen Standard und liegen meist in Highway-Nähe.

O'Hare Airport von Chicago – einer der geschäftigsten Flughäfen der Welt

Einkaufen, Souvenirs

In zahlreichen Kaufhäusern und Läden gibt es unregelmäßig Sonderverkäufe und Aktionen. Mehrmals im Jahr werden Ausverkäufe veranstaltet; die Preisnachlässe sind zum Teil erheblich. Factory Outlets werden direkt vom Hersteller beliefert und können ihre Waren deshalb billiger abgeben. Besonders preiswert sind Kaufhäuser wie »K-Mart« oder »Walmart«, die man in jedem größeren Ort findet. Das Preisniveau der meisten Artikel ist in den USA ähnlich hoch wie in Europa. Besonders auf dem Land preiswerter sind etwa Marken-Jeans (die Levi's 501 kostet 28 bis 35 Dollar), Marken-Turnschuhe (Nike u. Ä. oft 100 Mark billiger), Kosmetika (vor allem durch die Zusatzgeschenke), Tabletten (Aspirin und auch sehr viel stärkere Schmerzmittel, Vitamine), Brillen und Kontaktlinsen (kaum Wartezeiten). Dagegen sind Filme in Deutschland deutlich billiger.

Malls sind überdachte Einkaufszentren mit 100 und mehr Ladengeschäften, Restaurants und Kinos. Die Malls sowie fast alle anderen Läden haben Mo–Sa 9–21 und So 12–18 Uhr geöffnet. Empfehlenswerte Souvenirs sind Ahornsirup (in Illinois), Western-Kleidung, Western-Stiefel (in Texas, New Mexico und Arizona), Route-66-Souvenirs.

Harley Davidson Shop in Chicago: Hier kauft der »Routie« auch seine Souvenirs

Elektrizität

Die Stromspannung liegt bei 110 Volt, dafür ist die Phasenzahl des Wechselstroms höher: 60 statt 50 Hertz wie bei uns. Moderne Rasierapparate, Föhns und Reisebügeleisen verfügen über einen Schalter, mit dem man die Spannung umstellen kann. Für die Steckdose ist ein Adapter nötig, den man in deutschen Elektrogeschäften erhält, in den USA in großen Drugstores und bei Radio Shack.

Essen und Trinken

Ladies first: Beim Betreten des Restaurants lässt man in den USA der Dame den Vortritt. Am Eingang wartet man, bis eine Angestellte den Platz zuweist – Ziel ist es, alle Tische und damit alle Bedienungen gleichmäßig auszulasten. In den USA sind Kellnerinnen auf das Trinkgeld angewiesen, es sollte fünfzehn Prozent des Nettopreises betragen. In vielen Restaurants lässt man das Trinkgeld auf dem Tisch liegen und zahlt an der Kasse. »Specials« (Tagesgerichte) sind meist billiger. Kaffee und Eistee werden oft kostenlos nachgeschenkt; entkoffeinierter Kaffee heißt »Decaf«. Die meisten Lokale bieten auch Kindergerichte an. Fast-Food-Restaurants gehören zum Erscheinungsbild der Vorstädte: McDonald's und Bur-

Schön für's Auge: Farmers Market in L.A.

ger King sind wesentlich billiger als in Europa, bei Kentucky Fried Chicken und Pizza Hut gibt es preiswerte Büffets. Der Lunch besteht gewöhnlich aus einem Sandwich, einem Salat oder einem anderen Imbiss. Die wichtigste Mahlzeit des Tages ist das Dinner am frühen Abend. Man trinkt dazu selten Bier, manchmal Wein oder Cola, meist aber Eiswasser oder Kaffee. Ansonsten werden in den USA Unmengen von Eistee (gesüßt oder ungesüßt) und »Soda« getrunken. Das ist die Sammelbezeichnung für alle Limonaden und Cola-Getränke. »Coca-Cola Light« heißt in den USA »Diet Coke«, Mineralwasser ist »Mineral Water« oder »Sparkling Water«.

Feiertage

Fällt ein Feiertag auf einen Sonntag, ist der darauf folgende Montag frei. An Feiertagen sind alle Behörden und öffentlichen Gebäude geschlossen. Hotelzimmer möglichst vorbestellen.
Neujahr: 1. Januar; Martin Luther King's Birthday: dritter Montag im Januar (nicht überall Feiertag); Washington's Birthday: dritter Montag im Februar (nicht überall); Memorial Day: letzter Montag im Mai; Independence Day: 4. Juli; Labor Day: erster Montag im September; Columbus Day: zweiter Montag im Oktober (nicht überall); Veteran's Day: 3. November (nicht überall); Thanksgiving Day: vierter Donnerstag im November; Weihnachten: 25. Dezember.

Geld

Ein Dollar hat 100 Cents. Die 5-Cent-Münze heißt »Nickel«, die 10-Cent-Münze »Dime« und die 25-Cent-Münze »Quarter«. Seit einiger Zeit sind neue 20-, 50- und 100-Dollar-Scheine im Umlauf, die man nicht mehr so leicht verwechseln kann. Am besten das Geld in Europa umtauschen – einen Teil in Reiseschecks, die beinahe überall als Zahlungsmittel akzeptiert werden. Euroschecks werden nicht akzeptiert, deutsche Banknoten tauschen vereinzelte Banken, die Wechselbüros auf den großen Flughäfen, einige Wechselstuben und die großen Vergnügungsparks. Beinahe unverzichtbar (z. B. beim Mieten eines Wagens) ist die Kreditkarte einer bekannten Firma wie Eurocard oder Visa. American Express ist in den USA erstaunlich wenig verbreitet. Siehe auch Stichwort »Banken« Seite 104.

Gesundheit

Bei Unfällen oder in Notsituationen die Notrufnummer 911 von Polizei, Feuerwehr und Notarzt anrufen. Kleinere Blessuren behandelt jeder Arzt. Bei akuten Schmerzen in der Notaufnahme eines Krankenhauses melden, dort kommt man am schnellsten dran. Da es zwischen Deutschland, Österreich, der Schweiz und den USA kein Versicherungsabkommen gibt, empfiehlt sich der Abschluss einer Reisekrankenversicherung. Vorschießen muss man die Behandlungskosten, dabei ist eine Kreditkarte hilfreich. Medikamente bekommt man in »pharmacies«, also Apotheken, die vielerorts an die »drugstores« angeschlossen sind. Für rezeptpflichtige Arzneimittel (»prescriptions«) braucht man ein Rezept; die meisten Medikamente (viel mehr als in Deutschland) sind allerdings rezeptfrei. Seine eigenen Tabletten sollte man im Reisegepäck haben, da viele Fabrikate in den USA nicht erhältlich sind. Vorsicht bei Schmerz- und Schlafmitteln: Rezeptfreie Medikamente wie Excedrin und Bufferin habe eine extrem starke Wirkung.

Glücksspiel

Spielcasinos gibt es in den Reservaten der Indianer sowie auf schwimmenden Casino-Schiffen – sei es auf dem Mississippi oder dem Colorado River. Eine Kleiderordnung besteht nicht, gespielt wird Roulette, Black Jack (17 und 4), Craps (Würfeln), Keno (eine Art Lotto), Baccarat und an den Slot Machines. Das Mindestalter für Spieler beträgt 21 Jahre.

Klima und Reisezeit

Das Wetter in Illinois und Missouri ist wechselhaft, kann im Sommer sehr heiß und im Winter sehr kalt werden. Kansas und Oklahoma sind für ihre Tornados berüchtigt, die Radiostationen warnen rechtzeitig. Der amerikanische Westen verwöhnt seine Besucher mit viel Sonnenschein, besonders in den Wüstengebieten von New Mexico, Arizona und Kalifornien. Beste Reisezeit hier: das Frühjahr, wenn die Kakteen blühen. Als sehr angenehme Reisezeit für die Route 66 gilt auch der Herbst.

Chicago	Temp. max.	Temp. min.	Wassertemp.	Regentage	Sonnenstd.
Januar	-1°	-9°	3°	7	4
Februar	1°	-7°	1°	7	5
März	7°	-1°	1°	9	6
April	15°	5°	2°	9	7
Mai	21°	10°	5°	8	9
Juni	27°	15°	11°	8	10
Juli	29°	19°	16°	8	10
August	28°	18°	21°	8	9
September	24°	14°	18°	8	8
Oktober	18°	8°	12°	7	7
November	9°	1°	8°	8	4
Dezember	2°	-5°	6°	8	4

Durchschnittswerte — Quelle: Seewetteramt, Hamburg

Los Angeles	Temp. max.	Temp. min.	Wassertemp.	Regentage	Sonnenstd.
Januar	18°	8°	14°	6	7
Februar	19°	9°	14°	5	8
März	20°	10°	15°	6	9
April	21°	12°	15°	4	8
Mai	23°	13°	16°	1	9
Juni	25°	15°	18°	1	9
Juli	29°	17°	19°	1	11
August	29°	18°	20°	1	11
September	28°	16°	19°	1	9
Oktober	25°	14°	18°	2	7
November	23°	12°	17°	4	8
Dezember	20°	9°	15°	5	8

Durchschnittswerte — Quelle: Seewetteramt, Hamburg

Literatur

Die besten Bücher über die Route 66: »Route 66 · Straße der Sehnsucht« von Holger Hoetzel mit vielen Fotos (Ullstein). Der »Streckenpilot Route 66« von Tom Snyder (Ullstein) hat keine Fotos, aber 42 Detailkarten, um der Route 66 so oft wie möglich so nah wie möglich zu sein – der beste Reiseführer. Ebenso detailliert ist »A Guidebook to the Mother Road« von Bob Moore und Patrick Grauweis (ISBN 0-9641457-0-7). »Route 66, The Mother Road«, ein amerikanischer Klassiker von Michael Wallis und »A Guidebook to Highway 66«, ein Faksimiledruck der Ausgabe von 1946, immer noch amüsant zu lesen (University of New Mexico). Die Geschichte der Straße wird in »Route 66: The Highway and its People« von Susan Croce Kelly sehr lesenswert erzählt (University of Oklahoma Press, 1989). Von Thomas Jeier und Udo Bernhart ist der Band »Route 66« bei Bruckmann lieferbar. In den USA erscheint vierteljährlich die Zeitschrift »Route 66 Magazine« (3,95 $), zu beziehen bei: All-American Auto Mags & Books, 9/11 Tatton Street, Knutsford, Cheshire, WA 16 6AB, England.
Wichtig unterwegs sind **Karten/Atlanten** zur Orientierung. Bei Triple A=AAA (American Automobile Association) gibt es nicht nur aktuelle Autoatlanten, als ADAC-Mitglied erhält man in den AAA-Filialen auch kostenlos Straßenkarten und Informationsmaterial. Bewährt sind der Rand McNally Road Atlas und der National Geographic Road Atlas.

Medien

Die überregionale Boulevardzeitung »USA Today« informiert am schnellsten. Deutsche Zeitungen (sehr teuer!) gibt es nur in Großstädten und dort nur in wenigen ausgesuchten Läden. Das amerikanische Fernsehen mit den vielen »Commercials« (Werbespots) bringt vor allem Show und Unterhaltung. Pay-TV und Kabelfernsehen stehen deshalb bei vielen Zuschauern höher im Kurs und werden auch in vielen Hotels angeboten; die populärsten Stationen sind HBO, Movie Channel und Showtime sowie der Sportkanal ESPN, der Nachrichtenkanal CNN, MTV (Music Television) und CMT (Country Music Television). Das Radio ist weniger bedeutend. Bei vielen Sendern reicht

ATM = Automatic Teller Machine = Geldautomat

der Einzugsbereich nur 60, 70 Kilometer weit. Jeder Sender vertritt eine Richtung – spielt also ausschließlich Rock, Soul, Country Music oder klasssische Musik.

Mietwagen

Nur in Chicago ist das öffentliche Verkehrsnetz so dicht, dass man ohne Auto auskommt. Sonst braucht man einen Mietwagen. Wer einen Wagen in den USA mieten will, muss in der Regel 21 Jahre alt sein. Der Führerschein des Heimatlandes genügt. Eine Haftpflichtversicherung beruhigt, ist aber nicht vorgeschrieben und kostet ungefähr 15 $ pro Tag. Verzichten kann man auf die Unfallversicherung (Personal Accident). Mietwagenfirmen verlangen eine Kreditkarte oder eine Kaution, manche Firmen vermieten überhaupt nicht gegen Bargeld. Unbedingt nach einem der zahlreichen Sonderangebote erkundigen! Generell ist es preiswerter, den Mietwagen bereits hier in Deutschland zu buchen.
Amerikanische Mietwagen sind mit vollautomatischem Getriebe und Klimaanlage ausgerüstet. Gibt man den Wagen in einer anderen Stadt zurück, fällt eine beträchtliche »Drop-off-Charge« an, die sehr teuer ist. Lediglich bei Hertz kann man Einwegmieten arrangieren (Tel. in Deutschland: 01805/353521). Die (kostenlosen) Telefonnummern der großen Mietwagenfirmen in den USA: Alamo: 1-800-327-9633, Avis: 1-800-331-1212, Budget: 1-800-527-0700, Hertz: 1-800-654-3131, National: 1-800-227-7368.

Post

Auf Postämtern kann man weder telefonieren noch Telegramme aufgeben. Sie sind meistens 8–18, samstags 8–12 Uhr geöffnet, sonntags geschlossen. Postlagernd adressiert man wie folgt: Name, c/o General Delivery, Main Post Office, Name der Stadt. Die Post hebt Briefe einen Monat lang auf.

Rauchen

Die USA sind ein Paradies für Nichtraucher. In allen öffentlichen Gebäuden, in Aufzügen, Bussen und Bahnen, auf den meisten Transatlantik- und allen inneramerikanischen Flügen ist das Rauchen verboten. Auf Flughäfen und in Restaurants gibt es kleine Raucherzonen. Viele Amerikaner empfinden Rauchen als Unhöflichkeit.

Sport

Golf, Tennis: Keine elitären Sportarten für Besserverdienende, sondern Volkssport; sie werden vor allem in Resorts angeboten. Die Ausrüstung kann man mieten, und erfahrene Profis geben Unterricht für Anfänger oder Fortgeschrittene. Öffentliche Plätze gibt es in allen größeren Städten; in Oklahoma City kostet eine Runde Golf ungefähr 15 $. In einem feinen Country Club sind die Green Fees ungefähr fünf Mal so hoch.
Reiten: Eine Vielzahl von Guest Ranches, besonders in der Gegend um Amarillo und Sedona, bietet Reiterferien und Ausritte an. Auch angehende Cowboys und -girls kommen dort auf ihre Kosten. Die

»USA Today«, die einzige überregionale Zeitung der USA – montags mit Bundesliga

Pferde sind unerfahrene Reiter gewohnt und zeigen sich geduldig. Die Horse Wranglers geben jedem Reiter das Pferd, das seinen Möglichkeiten entspricht.
Wandern: Die vielfältigen Landschaften des amerikanischen Westens bilden die Kulisse für abenteuerliche Wanderungen ins Hinterland. Alle Hiking Trails zusammen haben eine Länge von ungefähr 1200 Kilometern. Die attraktivsten Wege führen durch die Ozark Mountains von Missouri, das Red Rock Country bei Sedona in Arizona und den Palo Duro Canyon in Texas.

Steuern

Allen Preisen wird in den meisten Staaten der USA eine Sales Tax aufgeschlagen (zwischen 5 und 15 %), außerdem kommt in vielen Städten eine Hotelsteuer dazu, sie liegt zwischen 6 und 13 %.

Telefonieren

Das Fernsprechnetz der USA ist in privater Hand. Bei allen Fragen hilft der »operator«, meist eine freundliche Dame, die man kostenlos durch das Wählen einer 0 erreicht. Der internationale Operator wird mit 00 angewählt. Amerikanische Telefonnummern sind in drei Zahlenblöcke unterteilt, z. B. 312-668-2861. Die erste Zahlengruppe bildet die Vorwahl, die in diesem Fall für Chicago gilt. Bei Ortsgesprächen sind nur die nachfolgenden zwei Blöcke, also eine siebenstellige Nummer, zu wählen; bei Ferngesprächen innerhalb des Staates wählt man eine 1 vor. Die Vorwahl muss nur außerhalb des Area-Code-Bereiches gewählt werden. – Bei Ferngesprächen von einer Telefonzelle aus nennt der Operator den Preis für die ersten drei Minuten, den man auf jeden Fall einwerfen muss. Einen Anschluss in Europa erreicht man über 011 (internationale Durchwahl), die Vorwahl 49 (für Deutschland), 43 (Österreich) oder 41 (Schweiz), die Ortsvorwahl ohne die Null und die Rufnummer.
Bargeldlos telefoniert man mit einer »Calling Card«. Man wählt die Nummer der Telefongesellschaft, z. B. 1-800-225-5288 für AT&T. Anschließend ertönt entweder ein Summton, woraufhin man seine Kreditkartennummer in den Apparat eingibt, oder es meldet sich der Operator und fragt nach der Nummer. Die Calling Card erhält man in Deutschland kostenlos (auf Anfrage) mit manchen Kreditkarten. Die Gebühren werden über die Kreditkartenfirma abgerechnet.

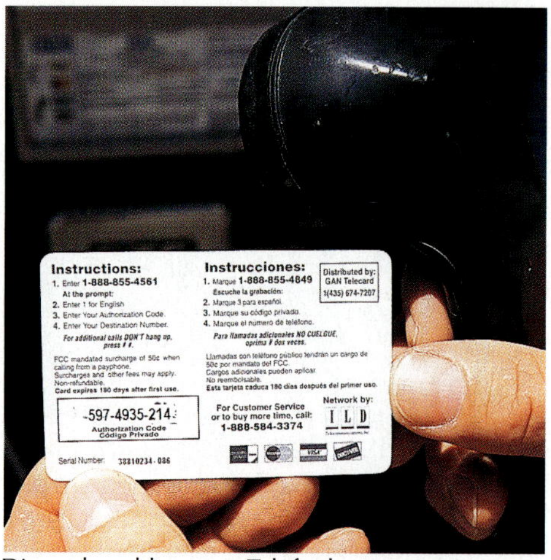

Die vorbezahlte neue Telefonkarte

Ohne Sprachprobleme und Bargeld telefoniert man nach Deutschland mit der T-Card. Über eine kostenfreie Zugangsnummer erreicht man rund um die Uhr den deutschsprachigen Connect-Service. Nach Angabe der Kartennummer und der persönlichen Geheimzahl wählt man die gewünschte Nummer. Das Gespräch wird über die Telefonrechnung abgerechnet. Bei Problemen hilft ein deutschsprachiger Operator. Die T-Card bekommt man in allen T-Punkt-Läden.
Neu in den USA sind Telefonkarten mit einem bestimmten Guthaben, die man in zahlreichen Läden und an bestimmten Automaten bekommt.
Eine Besonderheit sind die so genannten »Toll Free Numbers« (gebührenfreie Nummern) von Hotels, Fluglinien usw., die mit 1-800 oder 1-888 beginnen. Oft werden Buchstabenkombinationen wie »CALL–ATT« angegeben, die den Lettern auf den Drucktasten entsprechen.

Trinkgeld

Großzügige »tips« gehören in den USA zum guten Ton. Im Restaurant und im Taxi zwischen 15 und 20 %, für Gepäckträger 1 $ pro Koffer, für kleinere Botengänge usw. 1 $.

Unterkunft

Für **Hotels** aller Preisklassen empfiehlt sich, das Zimmer mit der Kreditkartennummer für eine Ankunft nach 18 Uhr zu sichern, sonst kann es anderweitig vermietet werden. »Resorts« sind meist recht luxuriöse Hotels mit unterschiedlich umfangreichen Freizeit- und Sportanlagen. Low-Budget-Varianten der bekannten Hotelketten (z. B. Holiday Inn Express, Hampton Inn) vereinen den Standard eines guten Mittelklasse-Hotels mit günstigen Preisen und kleinen Extras. Beliebt und praktisch sind auch Suites-Hotels wie Embassy Suites und Courtyard, preiswerte Herbergen mit einem kleinen Wohn-/Schlafzimmer und einer Kitchenette (Küchenecke). Amerikanische Hotelzimmer haben nur selten eine Mini-Bar, aber häufig einen Automaten mit Softdrinks und Eis auf jedem Flur. Beim »Room service« kann man meist rund um die Uhr sein Essen aufs Zimmer bestellen; die Preise sind dann höher. Fernsehapparat und Telefon gehören zur Standardeinrichtung fast jeden Hotelzimmers. Im Aufzug sollte man sich nicht wundern: der »First Floor« ist in den USA das Parterre.
Motels sind Hotels für motorisierte Urlauber. Einfache Einrichtung, aber die Zimmer großer Ketten wie »Best Western« oder »Motel 6« sind sauber und preiswert.
Bed & Breakfast bedeutet private Unterkunft – oft in historischen Häusern. Dort kommt man gut mit den Amerikanern ins Gespräch. Das meist opulente Frühstück ist im Preis inbegriffen. Weitere Informationen erhält man bei Bed & Breakfast League, 855 29th Street NW, Washington, DC 20008.

Veranstaltungen

April: Mit Oldtimern, Motorrädern und möglichst ausgefallenen Vehikeln geht es drei Tage lang über die historische Straße – beim jährlichen »Route 66 Fun Run« in

Ein Höhepunkt nach Motels und Kettenhotels: Blick ins Restaurant des Hotels »La Fonda« in Santa Fe

Seligman (Arizona). Info: Tel. 520/753-5001. Info: E-Mail: azrt@ctaz.com.
Juni: Mit Motorrädern über die historische Route 66 – auf der Mother Road Ralley, die in Chicago beginnt. Info: E-Mail: kirk@hhjm.com.
September: Das »Route 66 Rendezvous« ist die älteste Veranstaltung an der Route 66 und wird jedes Jahr am dritten Wochenende im September abgehalten – ein bunter Jahrmarkt mit Verkaufsständen und allerlei Entertainment. Info: E-Mail: swong@route-66.org.

Verkehrsmittel

Die Eisenbahn spielt in dem US-amerikanischen Verkehrssystem nur eine untergeordnete Rolle. Amtrak bietet auch preiswerte Pässe (15 Tage ab 205 $, 30 Tage ab 255 $) an, die in Europa oder großen Amtrak-Büros in den USA gekauft werden müssen. Buchung und weitere Auskunft bei Amtrak, Tel. 1-800-USA-RAIL (nur in den USA), mehr Info im Internet www.amtrak.com und bei Meso Amerika Kanada Reisen in Berlin, Tel. 030/8814122.
Überall in den USA verkehren die preisgünstigen Greyhound-Busse. Die Gesellschaft bietet die so genannten Ameripasses für unbegrenztes Reisen mit Greyhound an: (15 Tage ab 299 $, 30 Tage ab 409 $). Weitere Informationen: www.greyhound.com und in den USA bei Greyhound, Tel. 1-800-231-2222.

Verkehrsregeln

Auf den Interstates liegt die Höchstgeschwindigkeit zwischen 55 und 75 (120 km/h) Meilen pro Stunde, in Ortschaften zwischen 25 und 35 (56 km/h) Meilen. Die Verkehrsregeln unterscheiden sich nur wenig von denen in Deutschland, Österreich und der Schweiz. Das Anlegen der Sicherheitsgurte ist vorgeschrieben. Die Ampeln hängen meist über der Kreuzung und nicht wie bei uns davor. An einer Kreuzung mit vier Stopschildern und dem Zusatz »Four-Way« müssen alle Fahrzeuge halten, und derjenige, der zuerst gehalten hat, darf auch zuerst fahren. In den meisten Staaten ist das Rechtsabbiegen nach einem kurzen Halt auch bei Rot erlaubt. Unbedingt halten muss man vor oder hinter einem blinkenden gelben Schulbus.

Ein Polizeiwagen, der ein Fahrzeug stoppen will, überholt nicht, sondern fährt mit blinkendem Warnlicht hinterher, bis der Fahrer hält. In einem solchen Fall auf der Standspur anhalten, die Hände auf das Lenkrad legen und die Anordnungen der Polizei befolgen. Bei einer Panne rechts halten und die Kühlerhaube aufklappen – das Zeichen für jeden anderen Verkehrsteilnehmer und die Polizei, dass man Hilfe braucht. Mitglieder europäischer Automobilclubs können in den USA die Hilfe und Unterstützung der American Automobile Association (AAA) in Anspruch nehmen. Die Filialen sind im Telefonbuch aufgeführt.

Wohnmobil

Die Mietpreise für Wohnmobile und Camper sind relativ hoch, betragen ungefähr 200 $ pro Tag und lohnen nur, wenn man sich zu mehreren den Preis teilen kann und unterwegs kocht. Auch RVs (Recreational Vehicles) verfügen über Servolenkung und Automatik-Getriebe und lassen sich beinahe so leicht steuern wie ein Personenwagen. Zum Fahren eines Wohnmobils genügt ein deutscher Führerschein der Klasse III, das Mindestalter beträgt 21, manchmal sogar 25 Jahre. Mieten sollte man bei einem europäischen Veranstalter, weil man dann dem Reisegesetz des eigenen Landes unterliegt und gegebenenfalls den Veranstalter haftbar machen kann. Die Fahrzeuge europäischer Reiseveranstalter sind haftpflichtversichert, für einen Aufpreis kann man die obligate Selbstbeteiligung ausschließen. Bei der Übernahme des Wohnmobils darauf achten, dass eventuelle Schäden an der Karosserie notiert werden und einem so später nicht angelastet werden können. Bei der Einweisung durch den Vermieter sollte man selbst nachprüfen, ob alle aufgeführten Teile auch vorhanden sind. Bettwäsche und Geschirr können gemietet werden.

Schick motorisiert, aber streng – die Polizei

Zeit

Illinois, Missouri, Kansas, Oklahoma, Texas: MEZ minus 7 Stunden. New Mexico, Arizona: MEZ minus 8 Stunden. Kalifornien: MEZ minus 9 Stunden. Zur Sommerzeit (Daylight Saving Time) zwischen dem ersten Sonntag im April und dem letzten Sonntag im Oktober werden die Uhren eine Stunde vorgestellt. Achtung: Arizona stellt nicht auf Sommerzeit um. Amerikaner teilen den Tag in AM (ante meridiem – vormittags) und PM (post meridiem – nachmittags) ein. 7 AM ist also sieben Uhr früh, 7 PM entspricht 19 Uhr abends. In Fahrplänen sind die PM-Zeiten oft fett gedruckt.

Zollbestimmungen

Einreise in die USA: Im Flugzeug bekommt jeder Reisende ein Einreiseformular ausgehändigt, das bei der Einreise abzugeben ist. Am Grenzübergang muss man sich mündlich ausweisen. Falls mehr als 10 000 $ eingeführt werden, ist eine Erfassung durch die amerikanische Zollbehörde vorgeschrieben. Zollfrei einführen darf man eine Gallone (3,6 Liter) Alkohol, 200 Zigaretten und 100 Zigarren oder drei Pfund Tabak. Tabak darf man ab 18, Alkohol ab 21 Jahren mitbringen. Einbehalten werden nicht abgepackte Lebensmittel, landwirtschaftliche Erzeugnisse und präkolumbianische Kunst. Auf den Flughäfen wird nach Drogen gefahndet, der Besitz oder die versuchte Einfuhr werden streng bestraft.
Ausreise aus den USA: Jeder USA-Urlauber darf Waren für den privaten Gebrauch im Gesamtwert von 350 DM zollfrei nach Deutschland einführen.

Stand der Angaben: Dezember 2000.

1
2
3
4
5
A
B
C
D
E
F
G
Nebraska
Colorado
Kansas
Oklahoma
Texas
New Mexico
Sand Hills
Red Hills
Llano Estacado
Pecos Plains
Sandy Hills
Sioux City
OMAHA
Council Bluffs
LINCOLN
North Platte
Kearney
Gd. Island
Hastings
Scottsbluff
Alliance
Cheyenne
Greeley
DENVER
AURORA
Boulder
Longmont
Loveland
Ft. Collins
Sterling
Julesburg
Ogallala
Sidney
McCook
COLORADO SPRINGS
PUEBLO
La Junta
Lamar
Trinidad
Raton Pass
Goodland
Colby
Hays
Salina
Manhattan
TOPEKA
Lawrence
Emporia
Great Bend
Hutchinson
WICHITA
Dodge City
Garden City
Liberal
Guymon
Enid
Ponca City
Bartlesville
TULSA
Muskogee
Stillwater
Edmond
Midwest City
OKLAHOMA CITY
Norman
Shawnee
Lawton
Duncan
Ada
Ardmore
Durant
Wichita Falls
Denison
Sherman
Paris
DALLAS
GARLAND
Mesquite
IRVING
FT. WORTH
ARLINGTON
Denton
McKinney
Tyler
Corsicana
Waxahachie
Stephenville
ABILENE
Sweetwater
Big Spring
Midland
Odessa
Lamesa
LUBBOCK
Plainview
Hereford
AMARILLO
Canyon
Pampa
Borger
Dumas
Dalhart
Clovis
Portales
Hobbs
Tucumcari
Clayton
Raton
Palo Duro Canyon

CHICAGO
INDIANAPOLIS
ST. LOUIS
SPRINGFIELD
MEMPHIS
NASHVILLE
LOUISVILLE
KANSAS CITY
DES MOINES
LITTLE ROCK
SHREVEPORT
JACKSON
EVANSVILLE
PEORIA
DAVENPORT
CEDAR RAPIDS
INDEPENDENCE
HUNTSVILLE
MONTGOMERY
Iowa
Illinois
Indiana
Missouri
Kentucky
Tennessee
Arkansas
Ozark Plateau
Boston Mts.
Ouachita Mts.
CANADA
USA
MEXICO
Pazifischer Ozean
Golf von Mexiko
Autobahn - gebührenpflichtig - Fernverkehrsstraße
Hauptstraße - Nebenstraße - Fahrweg, Piste
Entfernungen in mi. (USA), in km (MEX)
Straßennumerierung - Höhe in Meter - Pass
Eisenbahn - Flughafen - Wichtiger intern. Flughafen
Internationale Grenze - Provinzgrenze
Sperrgebiet - Indianerreservat - Nationalpark
Sonstige Sehenswürdigkeit
Straßenverlauf Route 66
Im Text erwähnte Orte, Städte und Nationalparks
SPRINGFIELD
Maßstab 1:4.000.000
0 20 40 60 80 100km

1
2
3
4
5
A
B
C
D
E
F
G
Nevada
Utah
California
Arizona
Colorado Plateau
Mojave Desert
MEXICO
Great Salt Lake Desert
Great Basin
Sonora Desert
RENO
Carson City
LAS VEGAS
Paradise
Henderson
SALT LAKE CITY
OGDEN
Provo
Orem
Sandy
FRESNO
Clovis
Visalia
BAKERSFIELD
LOS ANGELES
Santa Monica
GLENDALE
PASADENA
Burbank
TORRANCE
LONG BEACH
ANAHEIM
HUNTINGTON BEACH
SANTA ANA
RIVERSIDE
SAN BERNARDINO
Rialto
Palm Springs
Oceanside
Escondido
SAN DIEGO
El Cajon
La Mesa
Chula Vista
TIJUANA
Rosarito
ENSENADA
MEXICALI
El Centro
Yuma
SAN LUIS RIO COLORADO
PHOENIX
Glendale
Scottsdale
MESA
TEMPE
TUCSON
South Tucson
NOGALES
Flagstaff
Sedona
Prescott
Holbrook
Kingman
Laughlin
Barstow
Lake Havasu City
Bullhead City
St.George
Cedar City
Hurricane
Elko
Ely
Winnemucca
Tonopah
Bishop
Ridgecrest
Lancaster
Palmdale
Victorville
Hesperia
Yosemite
Grand Canyon National Park
Joshua Tree N.P.
Death Valley
Nellis Air Force Range
Salt Lake
Pacific Ocean
Gulf of Santa Catalina
Santa Catalina I.
San Clemente I.

Wyoming
Nebraska
Colorado
Kansas
New Mexico
Texas
DENVER
AURORA
LAKEWOOD
Arvada
Boulder
Longmont
Loveland
Ft. Collins
Greeley
Cheyenne
Laramie
Rock Springs
Green River
Rawlins
Sidney
North Platte
Ogallala
Julesburg
Sterling
Fort Morgan
Brighton
Littleton
COLORADO SPRINGS
PUEBLO
Canon City
Trinidad
La Junta
Lamar
Rocky Ford
Garden City
Dodge City
Grand Junction
Montrose
Gunnison
Durango
Cortez
Alamosa
Salida
Leadville
Aspen
Glenwood Springs
Steamboat Sprs.
Craig
Vernal
Farmington
Gallup
Grants
ALBUQUERQUE
Santa Fe
Los Alamos
Las Vegas
Taos
Raton
Tucumcari
Santa Rosa
Clovis
Portales
Roswell
Socorro
Truth or Consequences
Alamogordo
Las Cruces
Deming
Lordsburg
Silver City
EL PASO
CIUDAD JUÁREZ
Agua Prieta
Douglas
AMARILLO
Canyon
Hereford
Dumas
Borger
Pampa
Plainview
Pecos
Carlsbad Caverns Nat. Park
White Sands
Sangre de Cristo Mts.
Front Range
Medicine Bow Mts.
Park Ra.
Sawatch Mts.
San Juan Mts.
Uncompahgre Plateau
Sacramento Mountains
San Andres Mts.
Rio Grande
Mesa Verde Nat. Park
Great Sand Dunes Nat. Mon.
Canyon de Chelly Nat. Mon.
Petrified Forest Nat. Park
Chaco Culture N.H.P.
Dinosaur National Monument
Bent's Old Fort N.H.S.
Pikes Pk. 4301
Mt. Elbert 4399
6 7 8 9 10
A B C D E F G
CANADA
WASHINGTON
OREGON
IDAHO
MONTANA
WYOMING
NORTH DAKOTA
SOUTH DAKOTA
MINNESOTA
WISCONSIN
MICHIGAN
NEBRASKA
IOWA
ILLINOIS
INDIANA
OHIO
NEVADA
UTAH
COLORADO
KANSAS
MISSOURI
KENTUCKY
TENNESSEE
CALIFORNIA
ARIZONA
NEW MEXICO
OKLAHOMA
ARKANSAS
TEXAS
LOUISIANA
MISSISSIPPI
ALABAMA
USA
MEXICO
Pazifischer Ozean
Golf von Mexiko
Edmonton
Vancouver
Winnipeg
Olympia
Salem
Boise
Helena
Bismarck
Pierre
Saint Paul
Madison
Lansing
Chicago
Des Moines
Lincoln
Topeka
Jefferson City
Kansas City
Springfield
Indianapolis
Columbus
Frankfort
Nashville
Sacramento
Carson City
San Francisco
Salt Lake City
Cheyenne
Denver
Los Angeles
Phoenix
Santa Fe
Oklahoma City
Little Rock
Jackson
Montgomery
Baton Rouge
Austin
Monterrey

Register

Seitenzahlen, die auf Infoseiten hinweisen, sind **fett** gedruckt. Die Koordinaten in Klammern beziehen sich auf die Karten Seiten 110/113.

Abkürzungen:
AZ = Arizona
CA = Kalifornien
IL = Illinois
MO = Missouri
NM = New Mexico
NV = Nevada
OK = Oklahoma
TX = Texas

Lieferbare Ausgaben

In Vorbereitung

Impressum

Verlag:
HB Verlag, Marco-Polo-Zentrum, 73760 Ostfildern, Postfach 3151, 73751 Ostfildern, Tel. 0711/4502-0, FAX 0711/4502-135, Internet: www.hb-verlag.de
Geschäftsführer:
Dr. Thomas Brinkmann, Dr. Stephanie Mair-Huydts

Redaktion und Produktion:
Harksheider Verlagsgesellschaft mbH, Fabersweg 1, 22848 Norderstedt, Tel. 040/52 88 62-0, Fax 040 /5 23 40 56, E-mail HVGmbh@aol.com
Redaktion:
Ulrike Klugmann (verantwortlich)
Jörg Gensel

Text: Thomas Jeier, Gröbenzell
Fotografie: Udo Bernhart, Langen
Seite 52 l.: HB-Bildarchiv

Grafische Gestaltung:
Gerhard Keim, Frankfurt/Main
Karten:
Seite 3 und Seite 95: cartomedia, Karlsruhe
Seite 21 und Seiten 110–113: © Mairs Geographischer Verlag, Ostfildern

Erscheinungsweise: zweimonatlich

HB-Bildatlas Special Fotoservice:
Harksheider Verlagsgesellschaft mbH, Fabersweg 1, 22848 Norderstedt, Tel. 040/52 88 62-22, Fax 040/5 23 40 56, E-mail HVGmbh@aol.com

Vertrieb Zeitschriftenhandel:
Partner Pressevertrieb GmbH, Postfach 81 04 20, 70521 Stuttgart, Tel. 07 11/72 52-227, Fax 07 11/ 72 52-310
Vertrieb Abonnement:
Zenit Pressevertrieb GmbH, Postfach 81 06 40, 70523 Stuttgart, Tel. 07 11/72 52-198, Fax 07 11/72 52-333
Vertrieb Buchhandel und Einzelhefte:
Mairs Geographischer Verlag, Marco-Polo-Zentrum, 73760 Ostfildern, Tel. 07 11/45 02-0, Fax 07 11/45 02-340

Anzeigenalleinverkauf:
KV Kommunalverlag GmbH, Postfach 81 05 65, 81905 München, Tel. 089/92 80 96-24, Fax 089/92 80 96-20

Reproduktionen:
Otterbach Digital World KG GmbH & Co., Rastatt
Druck und buchbinderische Verarbeitung:
Schnitzer Druck GmbH, Korb
Printed in Germany

ISBN 3-616-06466-X

Titel: Motel »Blue Swallow« in Tucumcari, NM